JN190879

技術の波に乗り遅れない！すべてのITエンジニアのための「一生モノの学び方」

はじめに

　筆者は、かれこれ30年にわたり、技術書執筆の傍ら、設計・開発を中心に、運用に至るまで、さまざまなITの実業務を、こなしてきました。

　最近は、コミュニティに参加したり、セミナー講演を請け負ったりすることもあり、「IT業界に入ってきた初学者の悩み」を、生の声として聞く機会が増えました。悩みの多くは、「何から学んでよいのかわからない」「学んでいるものの、身についている感じがしない」という漠然としたものです。真面目な人ほど、こうした悩みを口にします。

　さまざまな人達と向き合ってきて、こうした悩みがある背景には、IT技術の肝となる部分が、うまく伝わっていないからだと気づきました。
　そこで書いたのが、本書です。

　SNSでは、こうした悩みに対して、「この新技術を学べばよい」というアドバイスがあったり、「この技術を使わない企業は遅れている」など、あおるような意見があったりもして、初学者を惑わせています。
　業務委託などで、さまざまな企業に出入りしている僕から見れば、使っている技術は会社によって、実にまちまち。そこに善し悪しはなく、流行廃りで決めるのは、意味がありません。

　データの流れで世の中のさまざまな出来事を処理するのが、ITシステムです。データの流れに着目して、ITエンジニアは、「何ができることが求められているのか」という観点から見れば、さまざまな技術の整理が付き、自分に必要なものが何なのかがわかります。

　本書は、IT業界に入ろうとしている人、もしくは、入って間もない人に向けて、「技術の習得の仕方」をアドバイスするものです。
　学習というものは、少しのきっかけで大きく前進することがあります。
　本書が、皆さんの、そうしたきっかけのひとつになれば幸いです。

大澤文孝

すべてのITエンジニアのための

技術の波に乗り遅れない！

一生モノの学び方

第1章
ITシステムの大原則

ITエンジニアは、ITシステムを扱う職業です。
ITエンジニアとして成長するためには、そもそもITシステムが、
どのようなものかを知ることが大切です。
そこで、この章では、ITシステムとは何かを整理します。

1.1 ITシステムの大原則

ITとは、**Information Technology**（情報技術）の略称です。もう少し、わかりやすく表現すると、コンピュータや通信を使って、さまざまなデータ（情報）を扱う技術のことを言います。

ITシステムは、ITを使って、さまざまな課題を解決する装置です。こうしたITシステムを扱うのが、ITエンジニアです。

さまざまなITシステム

現在、私たちは、たくさんのITシステムに囲まれながら生活しています。

インターネットでショッピングしたり、ホテルの予約をしたりする場合、注文を受け付けているのは、ITシステムです。メールやSNSを実現しているのもITシステム。私たちがコンビニで買い物をするときのレジもITシステムのひとつです。

企業に目を向ければ、社内では経理や人事のITシステムが動いていますし、公共では、住民票や上下水道の位置などがITシステムで管理されています。

また何気なく楽しんでいるYouTubeなどの動画、スマホのゲームなどもITシステムです。

図1-1　さまざまなITシステム

現実世界をデータとして表現する

　このようにさまざまなITシステムがありますが、どれにも共通のことがあります。

　それは、物事をデータとして処理しているという点です。コンピュータが扱うことができるのは、データだけだからです。

　たとえばショッピングサイトであれば、商品情報があらかじめ画像データや解説文のテキストデータとして登録されています。そして、それぞれの在庫数なども登録されています。こうしたデータをユーザーに一覧で表示するのが、ショッピングサイトの基本的な構造です。

　ユーザーが[カゴに入れる]などのボタンをクリックすると、購入予定の一覧データが作られます。

　そして、[決済する]などのボタンをクリックすると、注文者（もしくは送付先）の住所、氏名、電話番号、決済方法を入力する画面が表示され、入力したデータは、もちろん、ITシステムに蓄積されます。

　クレジットカード決済の場合は、入力されたクレジットカード番号をクレジット決済会社のシステムに送信して決済します。こうして、入力された一連の情報は、購入データとして登録されます。

　ショッピングサイトの担当者は、登録された購入データを確認して、そ

の商品を現実世界で梱包して発送します。

　実際の梱包や発送は、倉庫の業者に任せてしまうこともありますし、担当者がダンボールに手作業で梱包することもあるでしょう。

　方法の違いはあれ、最終的に、こうしてITシステムに登録された「データ」は、物理的なモノの動きになります。

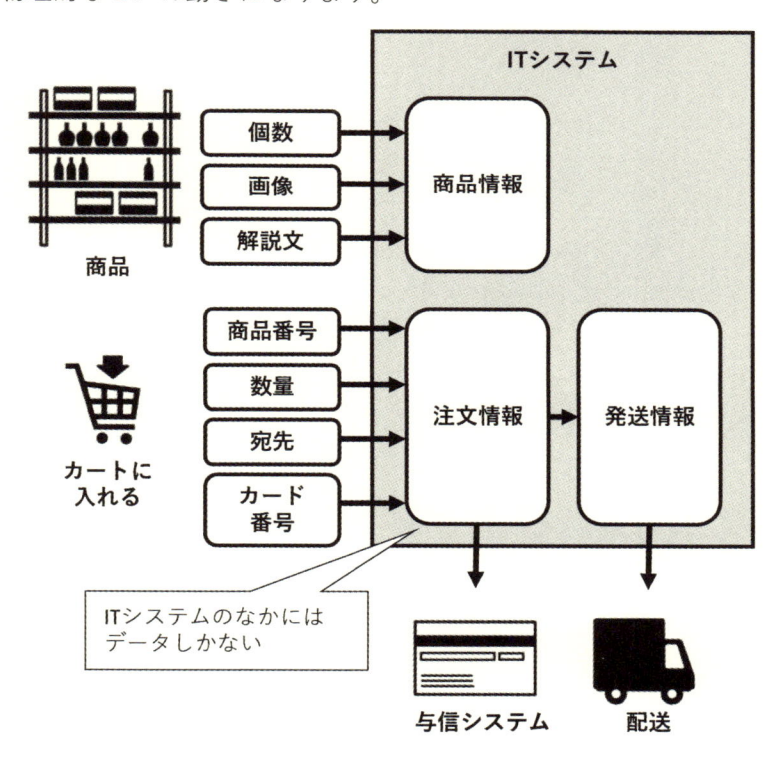

図1-2　現実世界をデータとして表現する

1.2　加工・出力しかできないコンピュータ

　ITシステムは複雑に見えますが、いま説明したように、現実世界をデータとして表現して、それを加工して、出力しているだけです。

　そもそもコンピュータは、データを与えて(入力)、加工して、データを出す(出力)という機能しかありません。

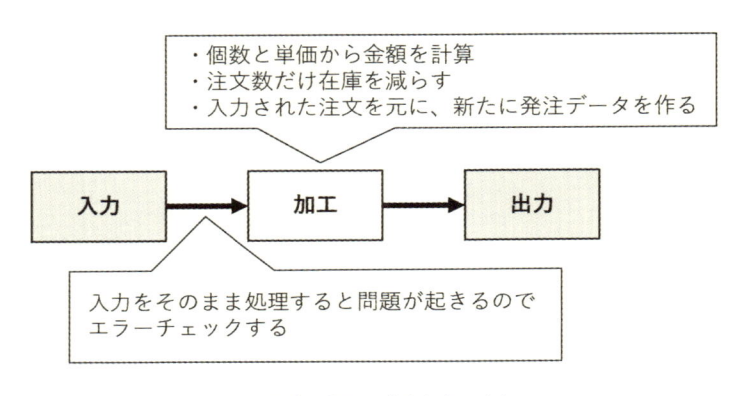

図1-3　入力、加工、出力しかできない

計算やデータの生成

　しかしひとことで加工といっても、その幅は広いです。

　「個数と単価から金額の合計を計算する」などは、いかにもコンピュータらしく、すぐに思いつく加工処理ですが、「注文数だけ在庫の値を減らす」といった数量の調整、さらには「入力された注文を元に、新たに発注データを作って格納する」など、新しいデータを生み出す操作も加工のひとつです。

エラーチェック

　ほとんどの場合、入力したデータをそのまま加工すると、問題が起きます。

　たとえば在庫数以上を注文したとき、そのまま発注データを作ってしまうと在庫が足りず、問題となることでしょう。

　こうしたことが起きないよう、ITシステムでは、何かしらの条件をつけてエラーが発生したという処理もします。

データ処理するのがプログラム

データの加工やエラー処理など、データに対する、さまざまな処理をするのがプログラムです。

プログラムというと、プログラミング言語を使って長い命令を記述するという難しい印象がありますが、その実態は、ただデータを処理する仕組みを作っていることにほかなりません。

1.3 稼働に必要なインフラ

さて、こうしたITシステムですが、当然、それを動かすためのサーバーやネットワークなどが必要です。こうした物理的な装置は、「インフラ（Infrastructure）」と言います。

インフラもITシステムを構成する、重要な要素です。

インフラは、構築して終わりではありません。

ITシステムで扱うデータ量は日々増えるので、当初に想定した以上のデータを扱わなければならなくなり、アップグレード（性能を上げる）が必要となるのは当然です。

メモ

> 逆に、想定よりも流行らなかったITシステムは、コストダウンのため、ダウングレード（性能を下げる）することもあります。

またインフラは物理的な装置なので経年劣化し、故障します。

インターネットに接続しているシステムの場合は、悪意ある攻撃者から守るため、セキュリティ対策も必要です。

1.4　ITシステムは「データ表現」がスタート

ITエンジニアには、さまざまな仕事がありますが、大きく、「設計」「開発」「運用」の3つに分かれます。

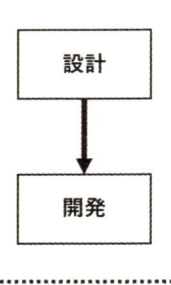

設計	どのように実現するかを決める データで、どのように表現するか そのデータをどう処理して何を表現するか
開発	プログラミング言語を使って実際に動くものを作る
運用	ITシステムを動かすためのサーバーやネットワークを調達し、保守・運用する

図1-4　設計・開発・運用

①設計

作りたいものを、ITシステムとして、**どのように実現するかを考える仕事**です。担当するのは、**システムエンジニア**と呼ばれるひとたちです。

このように説明すると、「どのようなプログラムを書くのか」という話から思い描いてしまいそうですが、それは間違いです。

それ以前に、「どうやって現実にあるものを、ITシステムで扱えるようなデータとして表現するか」から始まっています。

ITシステムは、データを加工するだけの装置なので、「商品の情報を、どのようなデータ構造で持つか」は、設計する人次第です。
そして、その設計で、できることが変わったり、プログラムが作りやすかったり、より速く動いたりします。

たとえば、商品に対して、分類という項目を付けるのか、分類は好きな文字なのか、それともあらかじめ決まったものからしか選べないのか、商

品は複数の分類に所属できるのかなど、商品ひとつ扱うにしても、データの表現方法は、たくさんあります。

②開発

　開発は、**設計通りのデータの加工処理をするプログラムを作ること**です。**プログラマ**と呼ばれるひとたちが担当します。

　プログラミング言語を使ってプログラムを書くわけですが、その処理内容は、データの加工が中心です。もっと言えば、「プログラミング言語で定められた書き方で、自分のやりたいデータ処理を書く」のが仕事です。

　データの構造が複雑であれば、プログラムも複雑になります。また他のシステムと連携する場合には、そのやりとりの処理を記述したり、やりとりが完了するまで待ったりする処理を入れる必要もあるため、いくぶん複雑です。

　しかし、どのようなプログラムでも、データ処理をしているというところは変わりません。

　プログラムは、「画面に絵を描く」「マウスでドラッグ＆ドロップできるようにする」など、一見、データ処理とは関係なさそうな処理もありますが、これらもすべて、元を正せば、単なるデータ処理です。

　画面への表示は、表示するＸ座標やＹ座標を指定して、色指定したデータ列を送信するだけですし、マウス操作は、WindowsなどのOSから、マウスの現在の座標がデータとして通知されるものに過ぎません。

③運用

　運用は、**ITシステムを運用する仕事**です。**インフラエンジニア**が担当します。ITシステムをお守りする役割のひとたちです。

　新しくITシステムを作るなら、それを動かすサーバーやネットワーク機器を調達します。

　そして、実際にITシステムを稼働する運びとなれば、正しく稼働しているかを監視したり、障害が発生したらそれに対応して直したり、性能向上（もしくは、経年劣化）に伴い、サーバーやネットワーク機器を交換するなどの保守・運用を担当します。

メモ

> サーバーやネットワーク機器は高価なので、リース契約することがほとんどです。そうした理由から、リース切れのタイミング（5年程度）で、リプレースしていく運用が多いです。ただし最近は、クラウドで構成することもあり、クラウドの場合は、この限りではありません。

コラム　プログラミングできると偉いのか！？

　ときどきプログラミングができなければITエンジニアではないとか、僕はプログラミングできるから凄いITエンジニアだ、などという意見が登場して、SNSなどを賑わせることがありますが、正直、どちらでもありません。

　プログラミングは、「設計」「開発」「運用」のうちの「開発」だけの話です。

　ITシステムは、これら3つから構成されており、どれかひとつだけできたところで偉いとはなりません。そのバランスが重要です。

　ただし設計する人は、プログラミングができないとしても、プログラミングでは、どのような工程で処理するのかという理屈を理解するなど、ある程度の知識があり、可能なら、簡単なプログラムぐらいは書けるのが望ましいです。

　というのは、データ構造を決めるにあたって、そうした知識がないと、「処理しにくいデータ構造」「処理が遅くなるデータ構造」などを作りがちだからです。

　程度の差こそあれ、「設計」「開発」「運用」のすべてを経験したうえで、どこかに軸足を置くのが、エンジニアとして強いです。

1.5 データに始まりデータに終わる

　ITシステムは複雑化し、それに伴い、多くの技術が登場。その結果、IT
エンジニアが習得しなければならないことが莫大に増えています。

　そんな時代、真面目にひとつひとつ勉強するのは疲労困憊してしまい、
現実的ではありません。

　さまざまな技術はあれども、この章で説明したように、ITシステムは、
とてもシンプルで、データの加工しかしていません。

　さまざまな技術は、どれもがデータを加工するための技法だったり、道
具だったりするのに過ぎません。

　本書で伝えたいのは、何よりも、こうした「**データが中心である**」という
シンプルさです。

　第2章からは、さまざまなIT技術を理解するための具体的な話に入って
いきますが、その際、「**データの流れ**」に着目してください。そうすると、
複雑なシステムも、細かく分解して理解できるようになります。

第2章
主要なITシステムを理解する

稼働している IT システムは、技術要素の塊です。構造を分解することで、肝となる技術要素が見えてきます。
この章では、分解するときに着目すべきポイントを見ていきます。

2.1　入力と出力に着目する

ITシステムを作れるようになるには、それを分解して構造を理解し、どのような技術が採用されているのかを探るのが一番です。仕組みがわからないものを作ることはできないからです。

第1章で説明したように、ITシステムは、入力したデータを加工して、出力するだけの装置です。ですから、全容を理解するときには、データの流れ（入力と出力）に着目します。

技術について語ろうとする場合、どのように加工するか（どのようにプログラミングするのか）というHowの話に終始しがちです。確かに、Howも重要ですが、それは「入力」と「出力」を把握したあとの話です。

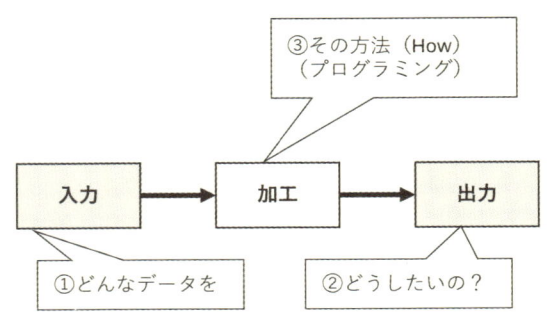

ITシステムは「何をするものなのか」という観点で見ると、①②③の順。
プログラミングは、どうやってというHowに相当するもので、先に注目すべきは①と②

図2-1　ITシステムの構成

入力したデータ以外を処理することはない

入力と出力に着目したい第一の理由は、ITシステムは**入力したデータ以外を処理することはない**（処理できない）という原則があるからです。入力から出力の流れに着目すれば、ITシステムの動き全体を確実に網羅できます。

もし、データの流れを辿っている最中で、「知らないデータ」があれば、おそらくそれは、何かの入力を見逃しています。

メモ

これは**第4章**の設計の話とも繋がります。ITシステムを開発するときは、お客さんに「どのようなITシステムを作りたいか」をヒアリングしていくのですが、このとき、入力を漏れなく聞くことは、とても重要です。

ときには、「この計算の元となるデータは、どこから出てくるんですか？」と聞いたとき、実は、そんなデータはどこにもなくて、その入力方法も新しくITシステムとして検討するなんてこともあります（だからITシステムの工数は、予定よりも、どんどん膨れ上がるのです）。

入力・出力には制約がある

第二の理由は、入力や出力には制約があり、僕らが決められないことが含まれるからです。

入力の制約

入力に関して言うと、データは人間が手入力すること、たとえば画面のフォームから入力する場合もありますが、ファイルとして読み込まれたり、ネットワーク通信で送られてきたりする場合もあります。

メモ

「ファイルとして読み込まれる」とは、ExcelファイルやWordファイルなどをITシステムが読み込んで処理するという意味です。「ネットワーク通信で送られてくる」とは、他のITシステムとの連携、たとえばわかりやすいものだと、受信したメールに対して自動返信するITシステムなどが挙げられます。

　人間が手入力する場合は、「画面」が必要です。その画面は、どのように構成するのでしょうか？

　画面の入力項目やレイアウトは、僕らが決められます。

　しかしその画面を表示するのは、ブラウザやPC、スマホの画面なので、技術的な制約を受けます。

　ブラウザから入力するのであれば、ブラウザの基本技術であるHTMLやCSS、PCならWindowsやmacOS、スマホならiOSやAndroidで実現可能なユーザーインターフェイスでしか表現できません。つまり、僕らに決定権がない範囲があるのです。

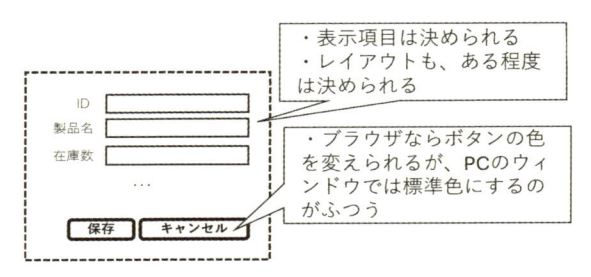

図2-2　実現できる入力画面は装置の制約を受ける

　ファイルの読み込みについても同様です。ExcelファイルやWordファイルの読み込みをサポートしたいのなら、そうしたファイルフォーマット（書式）を読み込めるような仕組みを整えなければなりません。

　ネットワークについても同様で、他のITシステムからデータを受信するなら、そのITシステムが採用している技術的なやり方に合わせなければなりません。

メモ

　ファイルを読み込むには、ライブラリと呼ばれるプログラムの部品を使うことが一般的です（➡「5.1　開発の基本」）。

②出力の制約

　出力についても同様です。ほとんどの場合、まず画面に出力すると思います。また、これも入力と同様に、ブラウザ、PC、スマホのどれなのかで違ってきます。

　出力として、Excel形式ファイルやPDFファイル形式で出力することもありますが、もしこうしたことを実現したいのなら、そうしたフォーマットに従ったやり方でデータを書き出す必要があります。

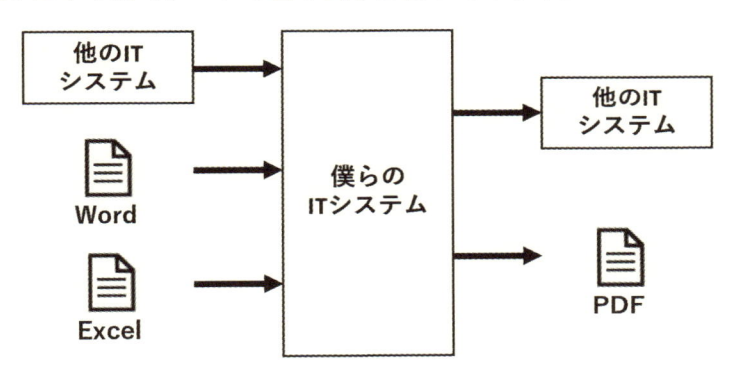

他の人がデータの書式を決めている。僕らは、それに合わせることが必要。だから、WordやExcel、PDFなどのファイルや、他のITシステムの仕様を理解する必要がある

図2-3　他のやり方に合わせる

設計技術と開発技術

　ここまで読んできてわかったかと思いますが、ITシステムは、入出力の相手に合わせて加工をする装置です。

　この「相手に合わせる」ということが大事で、そのためには「相手」のことを知らなければなりません。それが仕様であり、「技術要素」です。

　入出力を見れば、そのITシステムで採用している、最低限の技術要素がわかります。

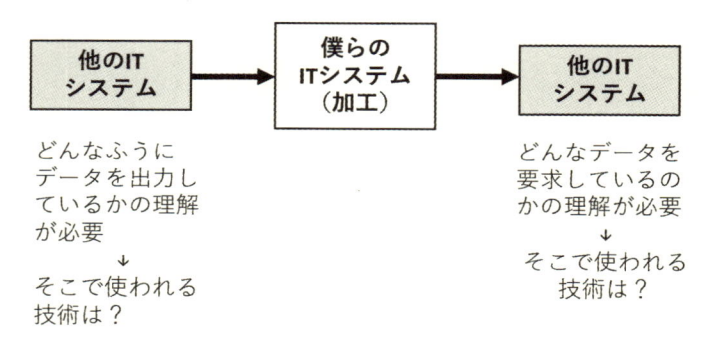

図2-4　入出力に着目すると習得必須の技術が見えてくる

2.2 基本的なITシステムの構造

さまざまなITシステムがありますが、現行のITシステムの基本的な構造は、図2-5のようになっています。

この図は、**クライアント・サーバーシステム（C/Sシステム）**と呼ばれるもので、はじめての人は、この構成図から始めるとわかりやすいでしょう。

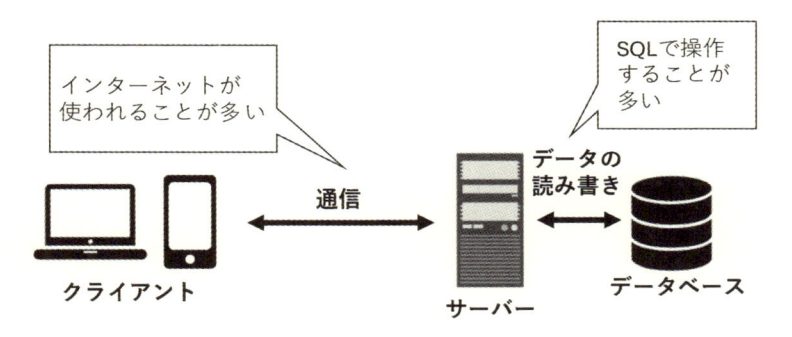

図2-5　多くのITシステムの基本的な構造

クライアントとサーバー

近年のITシステムは、だいたいネットワーク（インターネットのことが多い）の先に、「**サーバー**」と呼ばれる高性能なコンピュータがあり、そこで、ITシステムのプログラムを動かし、さまざまな処理をしたり、データを保存したりします。

ユーザーが操作する端末のことを「**クライアント**」と言います。クライアントは、PCだったりスマホだったり、もしくは、専用の端末だったりします。クライアント側では、ユーザーに情報を表示したり、ユーザーから入力を受け取ったりするプログラムが動いており、サーバーとネットワーク通信して、データをやりとりします。

メモ

> 専用の端末とは、たとえば、駅の窓口で切符を買うときの専用の端末や、もう少し身近な例で言うと、クレジットカードの決済端末などが挙げられます。

データベース

　ITシステムは、たくさんのデータを扱うことが多いです。データを効率良く保存したり、検索・集計したりできるのが**データベース**です。

　データベースはソフトウェアとして構成されていて、サーバーにインストールされています。データベースには、たくさんの種類がありますが、その多くは**リレーショナルデータベース**と呼ばれる、表構造をとるものです。データベースを操作する場合、**SQL**と呼ばれる言語で操作します。

> **メモ**
>
> 　データベースは必須ではありません。大量のデータを扱わない場合は、使わないシステムもあります。

習得したい技術要素

　ここで今、話の中で「データベース」と「SQL」が登場しました。

　・データベースってどういうもの？
　・SQLってどういうもの？

　気になりますよね。そう、これらが習得したい技術要素です。本屋さんに行けば、これらの入門書があります。是非、気になるところを習得しましょう。

　もちろん、隅々まで習得するには時間が足りませんから、最初は概要だけ理解するのがよいです。詳細は**第3章**に委ねますが、こうしたキーワードを探し出すところも本書の目的のひとつです。キーワードがわからなければ、何か調べる手がかりがないので、何か技術を習得しようとするときは、キーワードに着目するのは、理にかなっています。

技術キーワード

データベース	データを効率良く保存したり、検索・集計したり仕組み（ソフトウェア）。
リレーショナルデータベース	表構造をとるデータベース。
SQL	データベースを操作するときに使う言語。

2.3 Webシステムの構造

　ITシステムの基本的な構造がわかったところで、いくつか代表的なITシステムの構造を見ていきましょう。まずは、**Webシステム**からです（Webシステムの詳細については、Appendixにも記載しているので、より詳しくは、そちらも参照してください）。

　Webシステムとは、ブラウザで操作できるITシステム全般を指す用語です。

　Webシステムでは、クライアントとして「**ブラウザ**」を使います。Webシステムで用いるサーバーには、Webで決められた方法で通信するソフトをインストールします。こうして構成したサーバーは、**Webサーバー**と呼ばれます。

メモ

　Webで決められた方法とは、後述するHTTPやHTTPSという規約のことです。Webサーバーを構成するための具体的なソフトウェアとしては、ApacheやNginxなどがあります。

技術キーワード

ブラウザ	Webブラウザ。Web（World Wide Web）という仕様に基づいてページを閲覧できるソフト。Microsoft EdgeやGoogle Chromeなど。
Webサーバー	HTTPやHTTPSで通信できるように構成したサーバー。

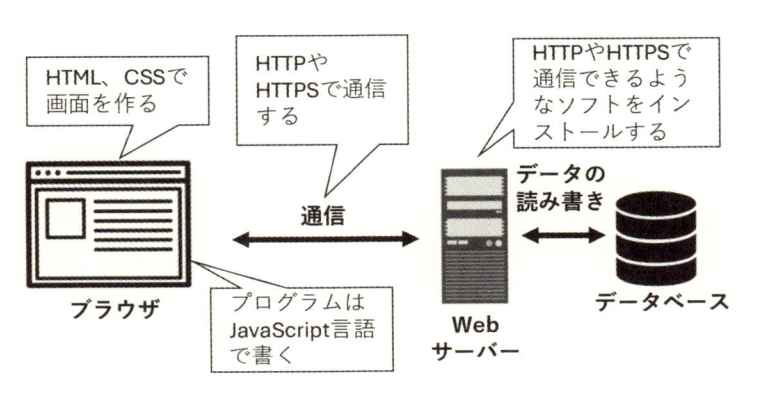

図2-6　Webシステムの構造

ブラウザの技術要素

ブラウザには、次の技術要素が含まれています。

①画面の構成やレイアウト

画面の構成にはHTMLという仕様で定められた書き方をします。レイアウトはCSSという仕様で定められた書き方をします。

Webシステムを作る場合に、これらは基本技術として重要なので理解が必須です。

技術キーワード

HTML	HyperText Markup Language。画面を構成するときに使う書式。<h1><h2><pre>など、「<」と「>」で囲まれたタグで、情報がどのような意味であるのかを示す。
CSS	Cascading Style Sheets。画面のレイアウトを定めるために使う書式。HTMLで構成された情報に対してスタイルやデザインを適用することができる。

②プログラム

ブラウザでは、JavaScriptと呼ばれる言語で書かれたプログラムだけが動きます。そのため、ブラウザで動くプログラムを作りたい開発者は、JavaScriptの習得が必須です。

技術キーワード

JavaScript	ブラウザで動かせるプログラミング言語。HTMLやCSSの操作、ネットワークの通信などができる。
TypeScript	JavaScriptに対して、「型」(Type)と呼ばれる機能を採り入れたプログラミング言語。
Wasm	WebAssemblyの略。ブラウザで高速に動作するバイナリコードの仕様。

メモ

JavaScript以外にTypeScriptと呼ばれるJavaScriptを改良した言語も使えます。TypeScriptでプログラムを書いた場合、JavaScriptに変換してブラウザに送信します。JavaScriptよりもTypeScriptで記述するほうが書きやすく、また、些細なミスを指摘してくれる仕組みもあり、堅牢なプログラムを作れることから、最近は、TypeScriptで記述することが多いです。

メモ

> ブラウザに搭載されている**Wasm**（**WebAssembly**）という技術を使うと、JavaScript以外の任意の言語で作られたプログラムを実行することもできます。JavaScript（TypeScript）で記述するのに比べて、プログラムを書くのが難しいため、まだ普及していませんが、今後、使われていく可能性があります。

③通信

　ブラウザとサーバーとは**HTTP**（もしくはそれを暗号化した**HTTPS**）という仕様で通信します。

　Webシステムを作るうえで、HTTPの仕様まで深く理解しなければならないことは少ないですが、基礎技術なので、通信の基本的な仕組みなどは知っておくと、いろいろと役立ちます。

技術キーワード

HTTP	Hyper Text Transfer Protocol。ブラウザとWebサーバーとの間でやりとりする通信を定めた仕様。
HTTPS	HTTPを暗号化通信する仕様。

フロントエンドとバックエンド

　Webシステムでは、ブラウザ側のプログラムのことを「**フロントエンド**」（frontend）、サーバー側のプログラムのことを「**バックエンド**」（backend）と言います。

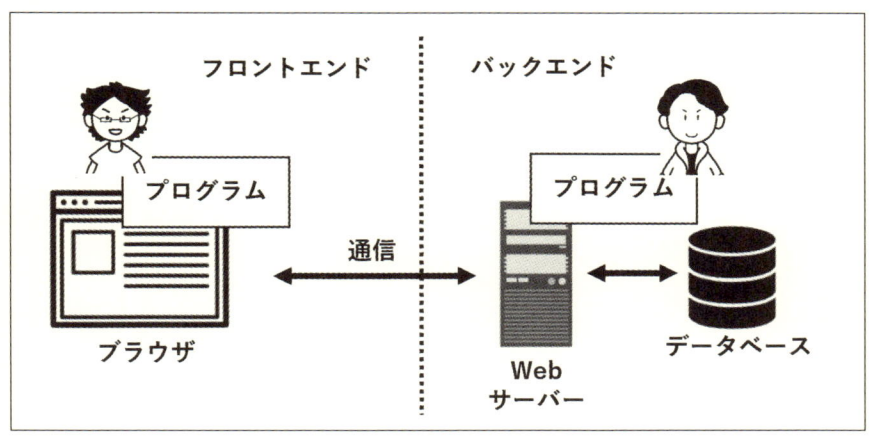

図 2-7　フロントエンドとバックエンド

　Webシステムの規模が大きくなるにつれて、担当するエンジニアが分かれてきており、それぞれの担当者をフロントエンドエンジニア、バックエンドエンジニアと呼びます。

　フロントエンドはブラウザ側のプログラムなので、主に、ユーザーインターフェイスを構成するものです。カッコイイ画面や操作しやすい画面を作ったりするのは、フロントエンジニアの仕事です。
　バックエンドはフロントエンドのプログラムにデータを送信したり、ユーザーの入力内容を処理してデータベースに書き込んだりするなど、通信やデータ操作(データの加工)を担当します。

技術キーワード

フロントエンド	ユーザーが直接触る部分のこと。
バックエンド	背後で動いていて、フロントエンドと通信して、さまざまな処理を担当する部分のこと。

2.4 スマホシステムの構造

　スマホシステムはWebシステムと似ています。サーバー側の構成は、ほとんど変わりませんが、クライアント側をアプリとして作るところが異なります。

メモ

　ここではスマホシステムと言ってますが、スマホのゲームも同じ仕組みです。課金してカードを引くようなゲームの場合、サーバー側に、料金を引き落としたり、カードを抽選したりする仕組みが実装されています。

メモ

　スマホアプリに、サーバーは必須ではありません。しかしサーバーがないと、他のユーザーとデータを共有することはできません。サーバーを使わないものは、**スタンドアロンアプリ**と呼ばれることもあります。

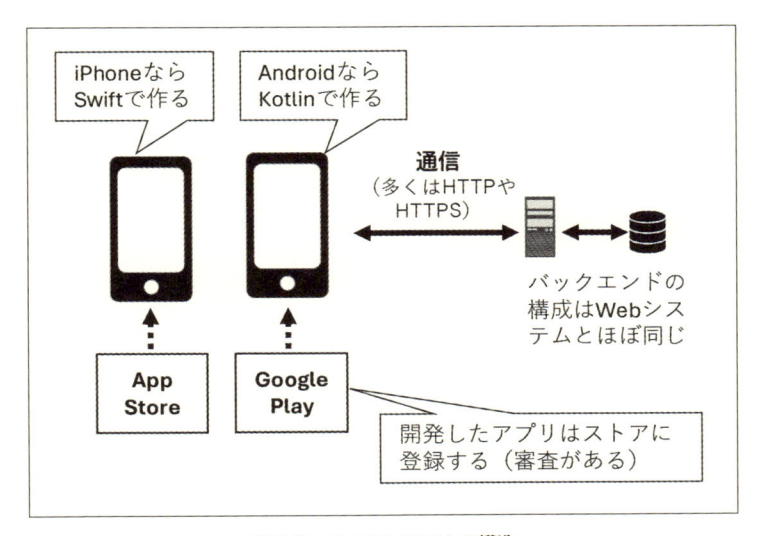

図2-8　スマホシステムの構造

スマホアプリ

スマホアプリは、スマホで動かすためのアプリです。PCで開発するのですが、iPhoneとAndroidとで作り方が異なります。もし両対応にしたいのなら、それぞれ作る必要があります。

① iPhoneアプリ

iPhoneはiOSと呼ばれるOSが使われており、iOS向けのアプリとして開発します。開発には、macOSがインストールされたPCが必要です。

Xcodeというツールを使って、Swiftと呼ばれるプログラミング言語を使って書きます。

メモ

iPhone用に作ったアプリは、iPadでも動きます。ただし画面サイズが異なるため、両対応にするなら、画面デザインの工夫が必要です。

技術キーワード

iOS	iPhoneやiPadに搭載されているOS。
Xcode	iOSやmacOSで動くプログラムを作るときに使う開発ツール。
Swift	C言語に似た文法をとる開発言語。

② Androidアプリ

Androidアプリは、Android Studioというツールを使って開発します。WindowsでもMacでも動き、Kotlinと呼ばれるプログラミング言語を使って書きます。

技術キーワード

Android	Google社が開発したスマホ向けのOS。
Android Studio	Androidアプリを作るときに使う開発ツール。
Kotlin	Java言語に似た文法をとる開発言語。

コラム　iPhoneとAndroidの共通のアプリを作る

　　iPhoneとAndroidは仕組みがまったく異なるため、アプリの作り方が違いますが、さすがにそれぞれ作るのは厳しいので、共通の機能を使って、同じように作れる仕組みがあります。たとえば、**Flutter**や**React Native**などのフレームワークと呼ばれる部品集を使うと、両対応の開発が軽減されます。

ストアへの登録

　開発したアプリは、App StoreやGoogle Playなどの**ストア**に登録します。登録には「開発者」としての事前登録が必要です（有料）。

　開発したアプリをアップロードして申請すると、審査が始まります。審査に通れば、各ストアで公開され、ユーザーが使えるようになります。

メモ

　ストアへの登録は必須ではありません。業務アプリなどはストアに登録せず、開発したアプリを、そのまま端末にインストールするやり方をすることもあります。

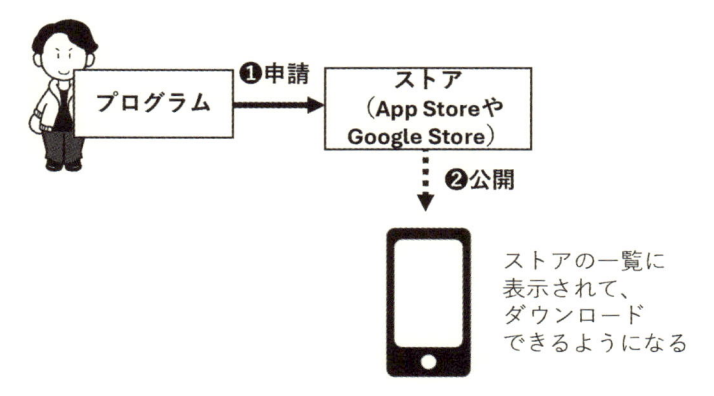

図2-9　ストアに登録する

コラム　バージョンアップについていく

スマホはバージョンアップが早く、ついていくのがたいへんです。新しいバージョンのiOSやAndroidが登場すれば、アプリの対応が必須です。新しいバージョンが登場することで、古いやり方が非推奨になり、そのうち、使えなくなることがあるためです。

スマホ以外のシステムでは、新しいものが登場しても、それに対応するかどうかは開発側の責任です。そのため、古いまま使い続けることもできます。しかしスマホアプリの場合、古いままだとストアからダウンロードできなくなることがあるのです。

そのため開発者には、新しいiOSやAndroidが登場したときは、それに対応しない選択肢はありません。

Web技術が流用される

スマホシステムでは、Webの技術が流用されることが多いです。アプリとスマホとの通信は、HTTP（もしくは暗号化したHTTPS）を使うことがほとんどです。

サーバー側（バックエンド側）の技術は、Webシステムとほぼ同等と考えてよいでしょう。

通知の仕組み

スマホには、ほかのシステムにない「**通知**」（**Notification**）の仕組みがあります。お知らせがあるときに、小さなメッセージを送信してくれる仕組みです。

実はこれは、サーバーががんばって、1通1通、送信しています。iOSやAndroidには端末のIDが振られていて、アプリをインストールすると（もしくは起動すると）、そのIDを取得できます。これをサーバーに送信して貯めておきます。

通知を送りたいときは、Apple社やGoogle社が用意している通知サーバーに向けて、そのIDとともに、1通ずつ、送信したいメッセージを送ります。このような仕組みなので、1000人ぐらいのユーザー相手なら自前で作

れますが、規模が大きくなると、こんなシステムを自分で構築するのは無理です。

　そこで現実的には、通知を代行送信してくれるサービスと契約して、そのサービスを使って通知を送ることがほとんどです。通知をはじめ、スマホアプリ開発に必要な機能を提供してくれるサービスをMBaaSと言います。

メモ

　　大量のユーザー宛の送信代行サービスは、通知だけでなく、メールでもしばしば使われます。最近では、迷惑メール対策のため、1台のメールサーバーから大量にメールを送信すると拒絶されることもあり、複数台のサーバーに分散して、少しずつ送信しないとうまくいきません。そこで大量のメールを送信したいときは、宛先と本文などを渡して、あとは自動で送信してくれるサービスを使うことが多いです。具体的なサービスとして有名なものに、SendGridがあります。

技術キーワード

通知	ユーザーに小さなメッセージを送信する仕組み。
MBaaS	Mobile Backend as a Service。通知をはじめ、スマホアプリに必要な機能を提供してくれるサービス。スマホシステムの運営会社が、こうしたサービスと契約して利用する。

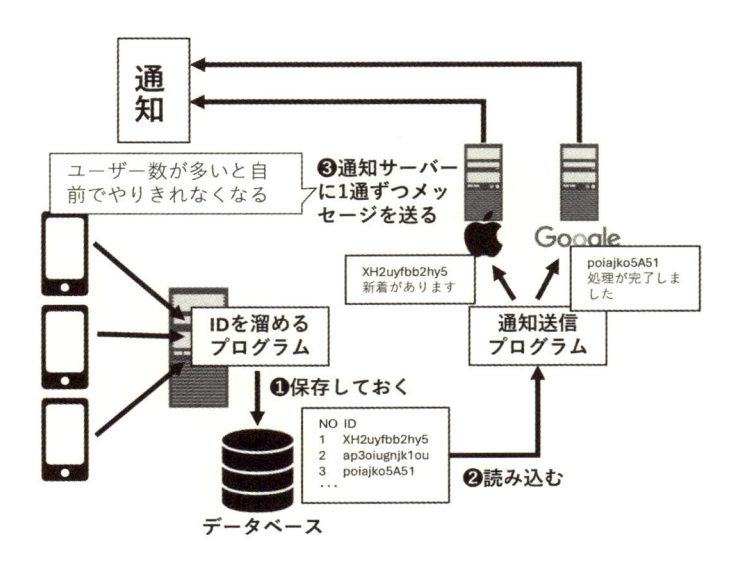

図2-10　通知の仕組み

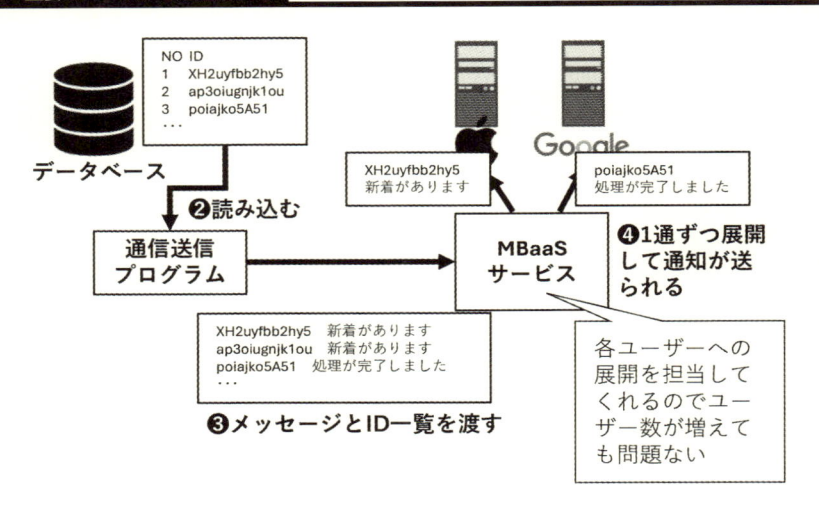

図2-11　MBaaSを使って通知する

2.5　組み込みシステムの構造

　組み込みシステムとは、PCやスマホではなく、専用のハードウェアに収められたコンピュータ装置の総称です。なにかを制御するために使われます。

自動販売機の仕組み

　私達が良く触れるものとして、たとえば、自動販売機が挙げられます。自動販売機にはボタンがあり、お金の投入口があります。

　自動販売機には、マイコンと呼ばれる組み込み用の小型コンピュータが内蔵されていて、そこにお金を入れる装置や、商品を選ぶボタン、商品を落下させる装置、お釣りを出す装置が接続されています。

　このマイコンには、動作を制御するプログラムが組み込まれています。

　利用者がお金を入れると、金種がマイコンに伝えられます。組み込まれたプログラムは、いくら投入されたかをカウントし、購入可能な商品金額以上になったら、該当商品のボタンを押せるように（それがわかるよう、ボタンを光らせるなど）します。

　利用者がボタンを押したら、商品を落下させ、投入金額から商品を引いたお釣りを出します。お釣りは、金種ごとに釣り銭ユニットに格納されており、マイコンからは、「いくらのお釣り」という形ではなく、「どの金種を何枚」という形で命令します。

メモ

　実際の釣り銭ユニットは、もっと単純で、10円、100円など金種ごとに格納されている場所のレバーを動かして、1枚ずつコインを落とすことしかできません。たとえば30円お釣りなら、10円が入っている場所のレバーを1回引くという命令を3回出すようなプログラムの動きにします。

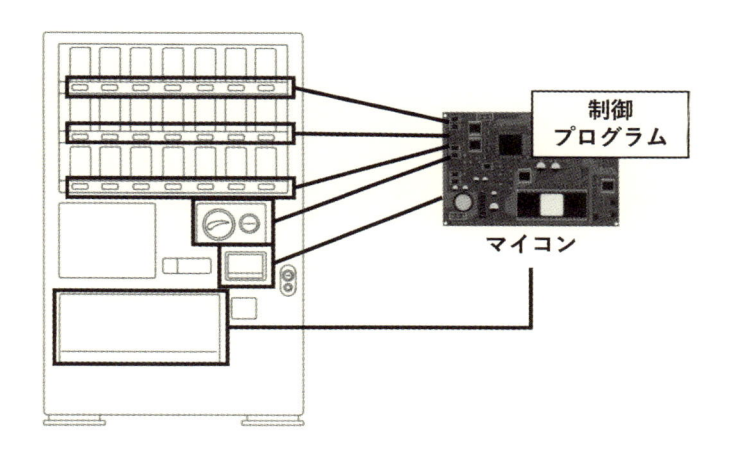

図2-12　自動販売機

自動販売機の入出力を考える

　これまで見てきたWebシステムやスマホシステムと構造がまったく違いますが、入力や出力に注目すると、そこまで大きな違いはありません。
　入力は、お金の投入ユニットと商品選択ボタン。出力は商品取り出しユニットと釣り銭ユニットです。プログラムは、入力を加工して出力しているだけです。

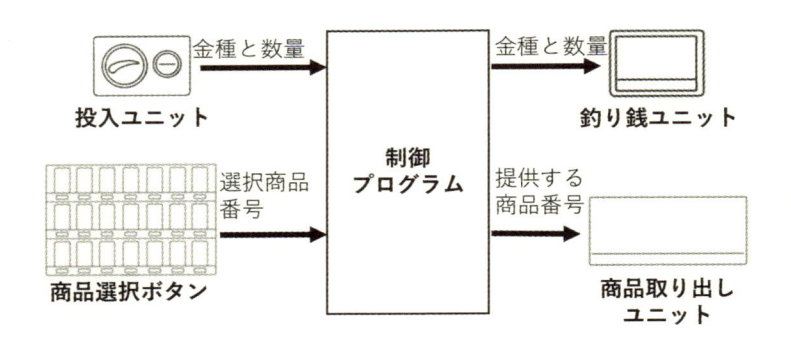

図2-13　自動販売機の処理

ネットとの通信

　最近の組み込みシステムは、ネットと通信することも増えてきています。
　たとえば、自動販売機には電子マネーやクレジットカードが使えるものがあります。これらは外部と通信して、正当性を確認したり引き落としの処理をしたりします。

　こうした機能をもつ自動販売機には、スマホと同様に**SIMカード**が内蔵されていて、4Gや5Gの回線で通信します。通信の先にはサーバーがあり、そこに決済用プログラムが置かれていて、電子マネーやクレジットカード会社のサーバーと通信します。多くの場合、データベースもあり、決済履歴などは、そこに保存します。

　サーバーの構成はWebシステムやスマホシステムとほぼ同じですが、自動販売機に内蔵されているマイコンは処理能力が低く、高度な処理ができないため、データを単純化することが多いです。
　また、インターネットではない閉じられた通信(閉鎖網)であることも少なくありません。

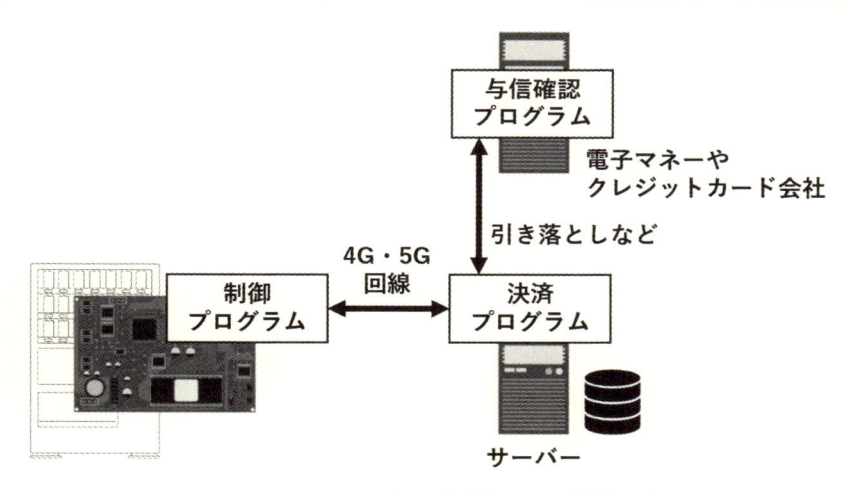

図2-14　電子マネーなどの決済機能付きの自動販売機

メモ

　図を見ると、途中のサーバーで中継せず、マイコンが直接、電子マネーや
クレジットカード会社と通信すればよいと思うかもしれません。しかし、多
くの場合、そうした実装にはしません。ひとつはマイコンの機能が貧弱で、
電子マネーやクレジットカード会社と直接通信するのは難しいという技術的
な理由もありますが、それ以上にセキュリティのためです。電子マネーやク
レジットカード会社と通信する場合、専用の認証キーが配布され、このキー
を提示することでアクセスします。この認証キーを自動販売機に入れてしま
うと、そこから漏洩するリスクがあります。

家電やセンサー

　組み込みは自動販売機だけではありません。家電も組み込みの一種です。

　最近では、外出先からスマホで操作して、エアコンや照明のオン・オフ
ができる家電が増えてきましたが、これは、家電にマイコンが内蔵されて
いて、インターネットと接続されているからです。

メモ

　家電やセンサーなど、ありとあらゆるモノがインターネットと接続される
ことは、IoT (Internet Of Things)とも呼ばれます。

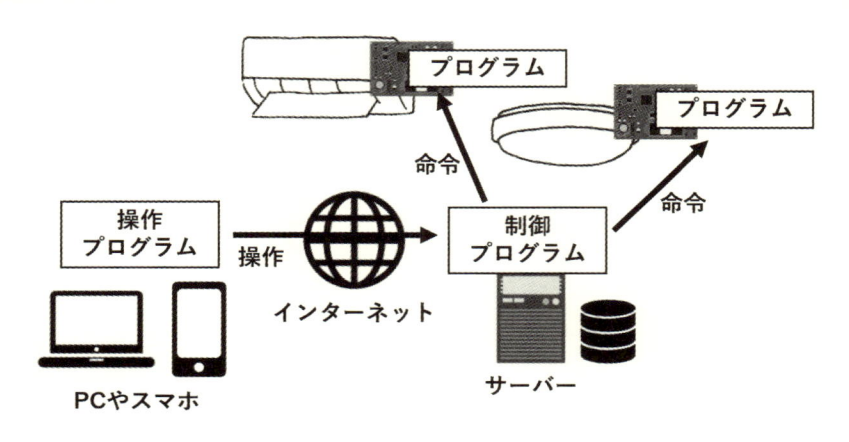

図2-15　スマホから操作できる家電

　また部屋の温度や湿度などを確認できるセンサー機器もあります。
　センサー機器は、スマホから確認するような家庭向けのものだけでなく、農業や工業などで異常がないかを確認するような用途としても使われています。

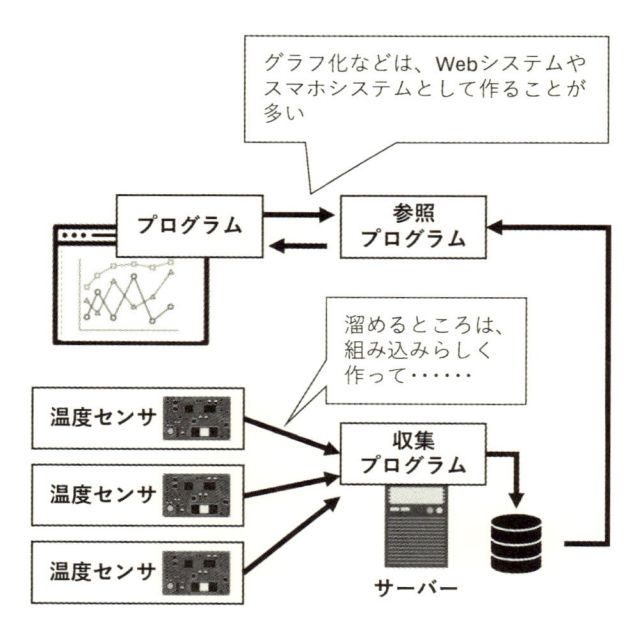

図2-16　温度や湿度センサー

　マイコンがインターネットと接続する場合、どのような通信方法を使ってもよいのですが、最近は、**MQTT** と呼ばれる統一された規格を使うことが多いです。

　MQTT は温度や湿度の値やオン・オフの制御などの小さなデータを送信するときによく使われる方式です。送信側を**パブリッシャー（Pub）**、受信側を**サブスクライバ（Sub）**と呼び、その間を中継するのが、MQTT です。このことから、MQTT は、**Pub/Sub モデル**とも呼ばれます。

　送信者と受信者は、1 対多です。データは一度、**キュー**と呼ばれる場所に保存されます。そしてキューに貯められた値が、次々と送信されます。つまり、少しのバッファを確保しているのです。

　その理由は、再送の必要性を考慮しているからです。組み込みでは、相手が常時接続されているとは限りません（これは組み込みに限った話ではありませんが）。そこでMQTTでは、相手が通信不能だった場合、いったんキューに溜めておいて再送信する仕組みがあります。MQTT に対応するソフトは、こうした再送信の処理を自分で実装する必要がありません。

技術キーワード	
MQTT	Message Queuing Telemetry Transport。モノ同士の通信によく使われる方式。1 対多の通信も可能。
キュー	Queue。日本語で言うと、待ち行列。データを溜めたバッファを作り、先頭から順に、少しずつ処理していく仕組み。
Pub/Sub	Publisher（発行者）と Subscriber（購読者）のこと。前者は送信側、後者は受信側のことを言う。

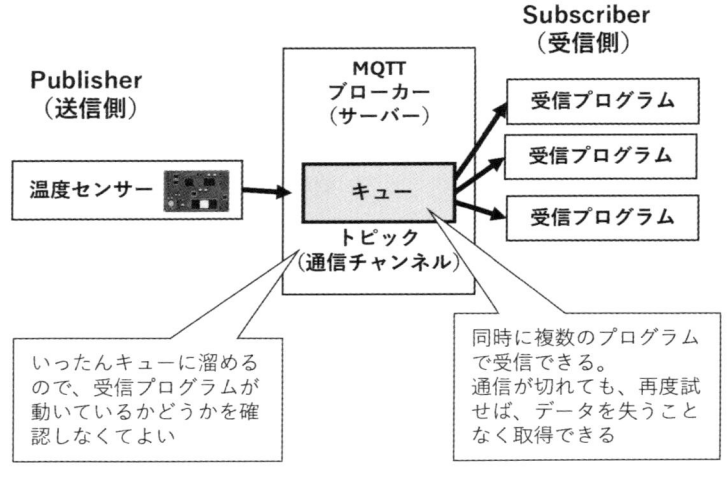

図2-17　MQTT

組み込みのプログラミングとOS

　組み込みのプログラミングは、その組み込みで採用されているマイコンなどに依るため、その方法は、さまざまです。

　まず、マイコンがOSを搭載しているかどうかによって、作り方が大きく異なります。たとえば、ホビーユーザーが使えるマイコンとして有名なものに、「Arduino」と「Raspberry PI」があります。

　Arduinoは、OSがない小さなコンピュータです。プログラムは、C言語に類似した言語で作ります。

　対して**Raspberry Pi**は、LinuxというOSがインストールされたマイコンです。性能は、少し前のPCに匹敵します。C言語でも作れますが、Linuxに対応するさまざまな言語——PythonやRust、Go言語など——でも作れます。またRaspberry Piは、ネットワークの通信機能をもっているため、他のシステムと連動させるのも簡単です。

技術キーワード

Arduino	アルディーノ。小さな組み込み用のコンピュータ。
Raspberry Pi	ラズベリーパイ。OSが搭載されているマイコン。小規模なPC程度の性能をもつ。

Arduino
（OSなし）

Raspberry Pi
（LinuxなどのOS）

図2-18　OSと備えるマイコンとそうでないマイコン

2.6 標準的な技術を使う理由

　ここまで、いくつかの代表的なシステムの構造を紹介しましたが、どのシステムも、おおよそ同じような構造をとっています。そして、たいがいが、HTTPやMQTTなどの「標準的なやり方」で通信しています。

　ほかの通信方法をとることもできるのですが、標準的なやり方をとることは、次の3つのメリットがあります。

①さまざまなシステムと連携しやすい

　標準的なやり方は、それを採用しているシステムが多いです。ですから、広く知れ渡っている方式を使えば、さまざまなシステムと連携しやすくなります。

②自分で考えなくても堅牢なものが作れる

　標準的なやり方は、先人が考案したものであり、起こりそうな問題のほとんどは、すでに検討され、解決されています。

　ですから、自分で方式を改めて考えるよりも、堅牢なものが作れます。

③応用範囲が広く、一度習得すれば自分の技術力につながる

　①とも関連しますが、標準的なものは幅広く使われるため、応用範囲が広いです。

　これは習得の話になりますが、一度習得すれば、自分の技術資産になりやすいです。

2.7　技術は発展し、横につながっている

　たいがいの技術は、元となる何かしらの技術があり、それを解決するために生まれています。また実現のアイデアとして、他の技術からインスパイアされていることも多いです。

　実は、ITの技術習得で難しいポイントは、ここです。技術には歴史があるため、ある技術を習得したいと思っても、それを本当に理解するには、前提の技術の理解を求められることが多いのです。

　たとえば先ほど、組み込みで使う通信方式のところで、MQTTについて簡単に解説しました。これはPub/Subの仕組みであること、キューの機能をもっていると説明しました。

　もし、読者の皆さんが、こうしたキューの仕組みについて初見であれば、「Pub/Sub」とか「キュー」とか言われてもピンとこないでしょう。

　でもこうしたキューの仕組みは、ほかの技術でも使われていますから、そうした経験があれば、「なんとなくわかる」のです。

　最初のうちは、知らないことが多くてたいへんかもしれませんが、一度、根本となる技術を何か理解すれば、そこに紐付くものが、だんだんと見えてきます。

　では、どうやって、そうした技術要素を短時間で掴んでいけばよいのか、次の章でお話しましょう。

第3章

技術を短時間で身につけるには

IT業界には、すでにたくさんの技術があり、日々、増え続けています。それらをすべて理解することはできないので、自分に必要なのは何なのかを見極め、効率よく習得していくことが大切です。

この章では、技術の見極め方も含め、短時間で効率良く身につけるには、どのようにすればよいのか、その方法を説明します。

3.1 技術の仕分けと学習を始めるタイミング

技術はたくさんあるので、すべてを学ぶことは不可能です。

ですから、最初に仕分けすることが大切です。

仕分け方は、いくつかありますが、たとえば、「普及率の軸」と「基礎・応用の軸」とに分類できます。

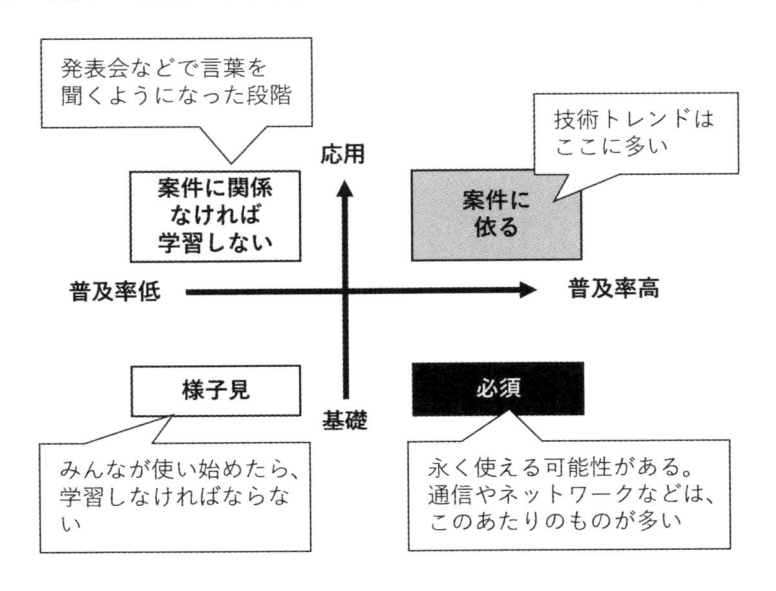

図3-1　普及率と基礎・応用の軸

普及率の大切さ

　技術を語るとき、普及率は見逃せないポイントです。

　普及率が高いものは他社も採用している可能性が高く、それを使うことで、ほかのシステムとの連携がしやすくなるというのは**第2章**で解説した通りです。

　しかし、それ以外にも、普及率を考えなければいけない、以下の理由があります。普及率が低い技術は、習得しても無駄になってしまいがちです。

①将来なくなるリスク

　たとえば、その技術を実現するのに用いるライブラリなどの開発が中止になったり、サポートが取りやめられたりする可能性があります。

　そうなってしまうと、習得が無駄になってしまうだけでなく、その技術を使ったソフトが作り直しになってしまいます。

メモ

> 　ライブラリとは、ソフトウェアを開発するときに使う、ソフトの部品のことです（「5.1　開発の基本」）。

②問題が生じたときの責任

　技術とは直接関係ありませんが、普及率の低い技術を採用して、何か問題が発生した場合、「そんな知らないような技術を使うからだ」と、普及率を理由に責められる恐れがあります。

　実際は、問題発生の原因と普及率に因果関係はないのですが、それでも言われてしまうことが多いので、製品に採用する場面では、考慮すべき事項です。

コラム　OSS（オープンソースソフトウェア）

　将来、開発が停滞してしまったり、問題が起きたときの対応を開発元がしてくれなかったりするリスクを避けるため、最近は、OSS（Open Source Software）と呼ばれるライセンスで提供されるソフトウェアを採用することが増えてきています。

　OSSは、誰もが無償で自由に利用・改変できるライセンスの元に配布されているソフトウェアの総称です（https://opensource.org/osd）。

　OSSの多くは、企業や個人の寄付で運営されています。OSSを自社の製品の一部として採用している企業は、それを応援するために寄付をしたり、自社の開発者を開発メンバーとして参加させたりすることで、維持されています。

　OSSは利用・改変が自由であるため、将来、開発が停滞したり、何か問題が発生したりしても、（技術力があれば）自分で直すことができます。そのためOSSにおいては、普及率の考え方が、少し違ってくるでしょう。

　なお、ここまでの説明から想像が付くかと思いますが、OSSは無保証です。使用に際して何か問題があれば、自分で直す（そしてこうして直したよと報告して、それを本家で取り込んでもらう）、もしくは不具合の報告をして修正されるまで待ちます。もちろん修正は義務ではないので、修正されないこともありますし、修正までに時間を要することも多いです。

　ただし、OSSをサポートしてくれる企業もあります。そうした企業と契約すれば、OSSでありながらも、問題が生じたときに、（OSSの開発者ではなくてOSSサポート会社から）何らかのサポートを受けられます。

成熟度とハイプサイクル

　技術の普及率は、成熟度とも関連します。

　成熟度については、ガートナー社が提唱する**ハイプサイクル**というモデルで示されることが多いです。

技術キーワード	
ハイプサイクル	hype cycle。特定の技術やサービスなどの成熟度を示す図。ガートナー社によって提唱された。

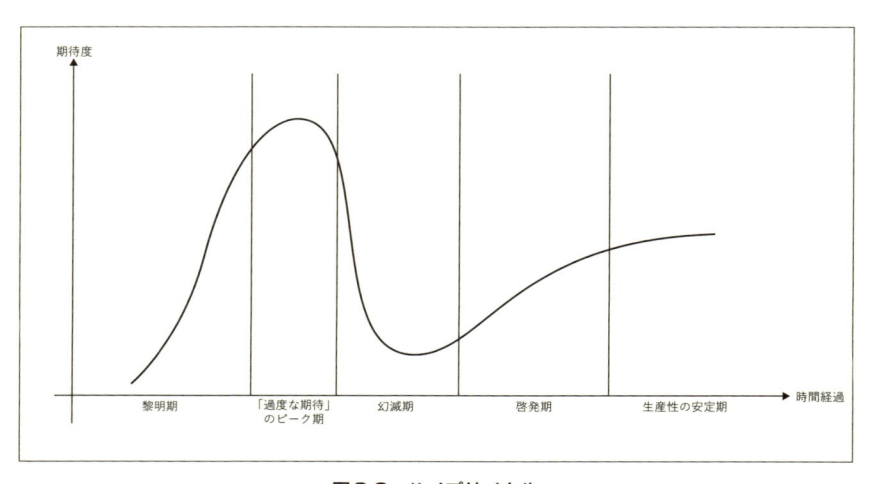

図3-2　ハイプサイクル

　ハイプサイクルは、技術が登場してから安定するまで、次の5つの期に分けることができるという考え方です。

①黎明期

新しい技術革新が導入されると、メディアや業界の関心が高まり、飛躍的な技術革新や公開デモンストレーション、製品発表などが行なわれます。この段階では、未来への期待感が高まります。

②「過度な期待」のピーク期

技術革新が現実以上の能力を持つかのように熱狂的な期待が集まる時期です。この期待が経済的なバブルを生むこともあります。

③幻滅期

現実的な課題やパフォーマンスの問題が明らかになると、初期の熱狂が冷め、幻滅感が広がります。

この段階では、採用ペースが遅れることや財務的な投資効果が期待を下回ることもあります。

④啓発期

一部の早期採用企業が当初の障害を克服し、技術のメリットを見出し始めます。他の企業は、これらの経験から学び、技術がどこでどのように価値を提供するかについて理解を深めます。

⑤生産性の安定期

技術が現実の生産性やメリットを実証し、リスクが軽減されることで、より多くの企業が安心して採用するようになります。この段階では、技術が主流となり、広く普及します。

情報がまとまったら学習を始めよう

ハイプサイクルは、学習を始める時点を見極めるのに役立ちます。それは、学習量と学習のしやすさに関連するからです。

①の黎明期から追っていくと、技術が少しずつ小出しに進化していく様子を見ることができます。ときには、最初の案が廃止されたり、やり方が変わったりするところを目にすることもあります。

こうした変化のなかを学習していくことは、じっくり学習していけるメ

リットもありますが、多くの人は、学習にそれほど時間をかけられないので、ただの混乱するノイズになってしまいます。

　ですから、ほとんどの人は、④の啓発期のあたりから学習を始めていくのがよいかと思います。

　これまでの経験から言うと、④の啓発期のあたりから、それを題材とした書籍が並び始めます。つまり、学習するための整理された情報が増えてきて、学習しやすい環境になるのです。

メモ

> 　「これまでの経験から言うと」などと言いましたが、僕ら著者は、②「過度な期待」のピーク期や③幻滅期の頃から情報を集めて、それを書籍にしています。ですから、それが出るのが、ちょうど④の啓発期のあたりになるのです。

メモ

> 　もちろん早く学習を始めるのは自由です。「僕は、もっと早いうちから、その技術を知りたいんだ」という人は、書籍が出るタイミングは遅すぎるので、そういう人は、イベントやセミナーなどで最新情報をキャッチアップしてください。詳細は、「**3.4　さまざまな習得方法**」で説明します。

コラム　採用する技術の方向性を決めるテックリード

　技術を学習するという観点で言えば、いつ学習しはじめても、正直、苦労するかどうかの違いだけなので、間違っても大きな問題はありません。

　しかし、ある技術を使って製品を作るとなれば、話は別です。

　その技術は、確かに魅力的かもしれないけれども、登場したてで安定して動かないかもしれないし、意外と人気がなくて、将来、使えなくなってしまうリスクもあるからです。

　IT系の企業では、どのような技術を自社で採用するのかを決定するテックリードと呼ばれる職種の人達がいます。

　テックリードは、IT業界全体の動向を見て、どのタイミングで、どの技術を採り入れていくのかを決めて行く役割をします。見極めには幅広い経験が必要なので、長い開発経験を経た人が担当することが多いです。

応用はたくさんの基礎の上に成り立っている

　次に、「基礎・応用の軸」についてお話します。

　改めて言うまでもありませんが、応用は基礎を前提に成り立っています。

　ひとつの基礎技術が、さまざまな応用技術を生み出しているのは当然として、複数の基礎技術の組み合わせで、新しい応用技術が生み出されていることもあります。

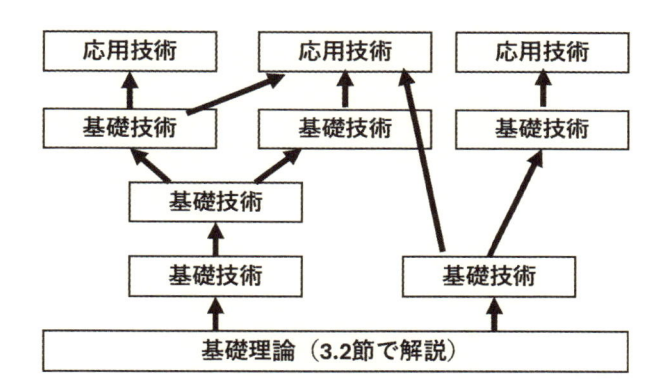

図3-3　基礎と応用

階層の下を探す

　すぐに実践的に役立つのは応用ですし、技術トレンドとしてよく話題になるのも、応用のところです。即戦力として期待されるところ、そして実際、業務にすぐに必要となるのも、応用のところです。

　ですから、おそらく皆さんは、応用から学んでいくことになるでしょう。そして多くの場合、「何を言っているのかよくわからない」と挫折することでしょう。

　応用からはじめて挫折するのは、ある意味、当たり前です。技術は階層的なので、その応用技術についてだけ調べても、そこには答えがなく、別の基礎技術のところにあることが多いです。要は基礎力不足です。

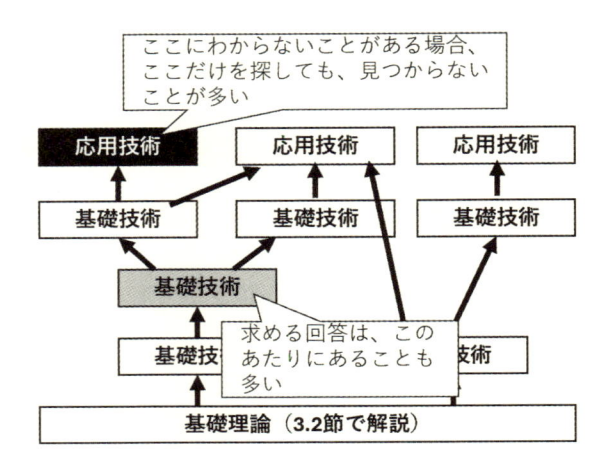

図3-4　基礎力不足

階層は深く広い

　だからといって階層の下を辿っていくと、それは深く、どこまで辿れば答えにたどり着くのか、だんだんと不安になります。

　実際、真面目な人ほど、こうした傾向になることが多いです。僕から見れば、たくさん知っていて、もう充分なのに、まだまだわかりませんと言う人も多いです。

　もしかするとその先に回答があるかもしれませんが、もしかしたら他の場所にあるのかもしれません。

　技術は階層的につながっているだけでなく、横にも広がっています。ときには、いったん諦めて、他の技術に進んでいくと、そこに答えがあることもあります。

　階層が深いだけでなく広がりもあるので、1本のルートを下に辿っていくだけでは、学習しきれません。

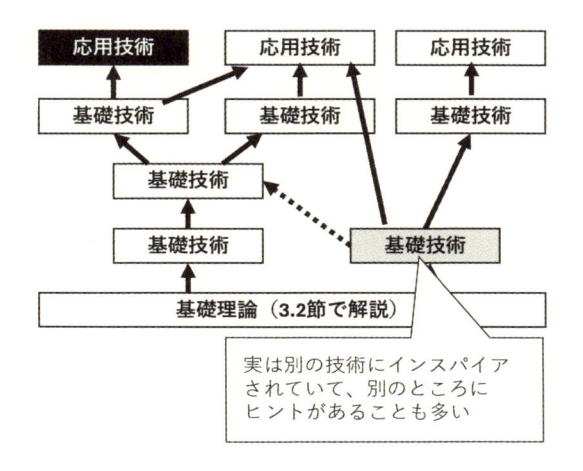

図3-5　他のことから糸口が見つかることもある

全部学ぼうとせず経験で広げる

　こうした深さと広がりが、IT業界にこれから入る人、もしくは、入ってから数年の人を不安にする原因だと、筆者は考えています。

　しかし実際のところ、IT業界において、幅広くさまざまなことを知っている人は希有ですし、若い人であれば、なおさらです。それでも皆、ふつうに仕事をこなしています。

　ITだからといって特別なことはなく、それは職種のひとつに過ぎません。自分の仕事の範囲のことだけできれば問題なく、多くの人が、そうしています。IT業界は忙しいので、目前の業務以外のことまで何かする余力は、ほとんどありませんし、する必要もありません。

メモ

　逆に時間があるのなら、是非、次節で説明する基礎理論を身に付けてください！　それは将来、大きな力になります。

　こういう話をすると、SNSなどでは、「だから追いつくために休日は勉強しなければならない」などとも言われますが、そんな必要はありません。向上心があるとか、転職したいとか何か目的があるなら別ですが……。

　ITエンジニアのうち、幅広くさまざまなことを知っている人は、幅広い業務経験がある人達がほとんどです。勉強して学ぶというより、さまざまな仕事を経験して、そこから学んでいます。

　さまざまな仕事を経験するきっかけは、入社の時期、人手不足、ジョブローテーションなどの会社の方針など、人によって、おそらくさまざまです。

　自ら、さまざまな経験をしたい場合は、昔は、転職しかありませんでしたが、最近では、キャリアアップのため、挙手することで社内の別の部署に移れる「社内公募制度」を導入している企業もあります。こうした制度を使って、さまざまな仕事を経験するのは、技術習得の幅を広げる機会です。

メモ

> 　会社にこうした制度がなく、さまざまな業務経験を積めないという人は、一人で設計、開発、運用まで担当する「個人開発」を体験する方法もあります。その詳細は、**第7章**や **Appendix** で説明します。

設計・開発・運用で求められることが違う

　職種について言えば、「設計」「開発」「運用」で求められることが違うので、これらの違いを理解しておくことは重要です。

　本書では、こうした理由から、4章以降では、それぞれを別の章に分けて解説していきます。

①設計

　全体の動きを作ることになるため、技術の「**仕組み**」を中心に知る必要があります。

②開発

　実際にモノを作ることになるため、技術の「**使い方**」を中心に知る必要があります。

③運用

　モノを動かすので、技術を「**実現する方法**」を中心に知る必要があります。

もちろん、全部を深く知っておくと有利ですが、時間は有限です。

ですから優先順位を付け、自分とあまり関係ないことまで深入りしないことも、ときには重要です。

	仕組み	使い方	実現方法
設計	◎	○	△
開発	○	◎	△
運用	○	○	◎

図3-6　設計・開発・運用で求められることが異なる

3.2　基礎理論を身に付けると楽になる

これまで説明してきたように、技術は深く広いです。そして、新しい技術が、次々に登場します。

自分の仕事に関わらないものは無視できますが、自分の仕事に関わるものは、できるだけ短期で身に付けなければなりません。

しかも、今後、どのような技術が登場するのか、予想が付きません。

これがIT業界の実態です。では、どうやって、この世界を生きていけばよいのでしょうか？

それは基礎力を付ける。これしかありません。

古典的なコンピュータ理論を軽視しない

古典的なコンピュータ理論というのは、「データ構造」や「コンピュータが動く仕組み」、そして、「アルゴリズム」などです。

情報系の大学で勉強する内容や情報処理技術者試験の「基本情報処理技術者試験」で出題される内容で、たとえば、2進数や10進数の表記、桁のあふれ、それからCPUとメモリなどの役割、データの検索や並べ替えの方法などがあります。

こうした基礎理論は、すべての前提となるので、知っておかないと、さまざまなところで躓きやすいです。

　IT系の仕事に就いているのは、情報系の大学を卒業している人たちばかりではありません。そのため大企業では、新人研修の一環として、こうした古典的なコンピュータ理論を学ぶ機会を設けているところも多いです。

　もし読者の皆さんが、古典的なコンピュータ理論を、まったく学んだ機会がないのであれば、基本情報処理技術者試験を受けろとまでは言いませんが、こうしたところをないがしろにせず、時間があるときにキャッチアップしておくと役立つと思います。

技術キーワード

データ構造	データを効率的に格納、管理、利用するために構造化した形式のこと。主なデータ構造として、配列、リスト、スタック、キュー、ツリーなどがある。
アルゴリズム	特定の問題を解決するための手順や計算のこと。検索や並べ替えなどが代表的。
基本情報技術者試験	IPA（独立行政法人情報処理推進機構）が実施する、情報処理技術者としての基礎的な知識と技術を評価する国家試験。

OSやネットワークの知識

　最近では、OSを使うことが前提ですし、ネットワークで通信することも前提です。

　ですから、古典的なコンピュータ理論に加えて、OSやネットワークの知識もあるほうがよいです。

　具体的な操作というわけではなくて、OSやネットワークの概要、仕組み、役割などです。

　たとえば、OSが存在する意義、OSの中には何があるのかなどです。またネットワークについては、通信の仕組みや通信速度の考え方、データが届かなかったときの再送の方法などです。

　最近の通信は、インターネットが前提なので、インターネットで使われる通信方式である**TCP/IP**の知識もあると良いです。

メモ

> もしあなたがサーバーに関する仕事をするのであれば、Linuxと呼ばれるOSの基本操作は習得しておくべきです。詳細については、**第6章**で解説します。

技術キーワード	
OS	ソフトを動かすための基盤となるソフトウェア。ハードウェアとソフトウェアの仲介役を務める。Windows や macOS、Linux など。
Linux	サーバー環境でよく使われる OS。当時、ヘルシンキ大学の大学生だったフィンランドの Linus Torvalds 氏が作り始めたもので、いまでも氏を中心に、開発されている。
TCP/IP	Transmission Control Protocol/Internet Protocol。インターネットで使われている通信規約（プロトコル）。

新しい技術にすぐに適用できる力を身に付ける

　基礎技術を知っておいたほうが良いと語る理由は、新しい技術が登場したときに、すぐにキャッチアップできるようになるからです。

　すでに説明したように、技術は深く広いです。新しい技術が登場するたびに、その深く広いところを探していたのでは、間に合いません。つまり、基礎技術を知っておくことで、「**差分だけですぐに習得できる準備をしておこう**」ということです。

　技術は横にも広がっているので、基礎技術を学んでおけば、そのサポート範囲も広いです。そして、多くの基礎技術は、月日が経ってもなくならないので、学習したことが無駄になりません。

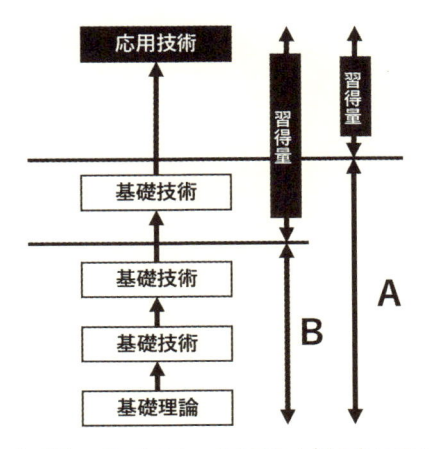

Aまで知っているのと、Bまでしか知らないのとでは、新しい応用技術が登場したとき、習得しなければならない量が違う

図3-7　差分だけですぐに習得できる準備をする

　ITエンジニアの世界は、熟練者ほど有利になる傾向が強いですが、実際、強くなれるかどうかは、基礎技術をどれだけ知っているかに依ります。

　長い経験があっても、応用技術の部分しか見ていないと、いつまで経っても、仕事が楽になりません。将来、楽をするために、時間があるときに基礎理論を理解することが重要です。ここで言う基本理論とは、「月日が経っても変わらない普遍的な技術」です。

　そして概ねの基本理論を習得すると、新しい技術を見たときに、「これはこれの組み合わせか」とか「これはおそらくこうやって実現しているんだな」という想像が働くようになります。そうすると技術の肝が見えてくるので、さらに、新しい技術のキャッチアップができるようになります。

　こうして、熟練者と新人の差が、どんどんと広がってくるのです。

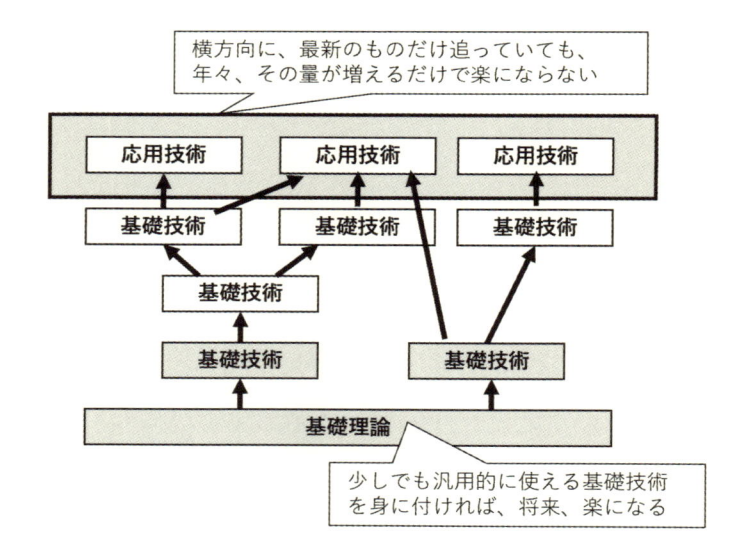

図3-8　応用だけでなく基礎にも目を向けよう

3.3 新しい技術を学ぶには

　ここまで、さまざまな技術がたくさんあるけれども時間は有限なので、何をキャッチアップするのかは取捨が必要だと説明してきました。

　では、実際に新しい技術を習得するにあたって、どのようなところに注意して学ぶのが効率的なのでしょうか。そのポイントを解説します。

「○○ is 何」で暗記しない

　技術の習得は、受験勉強ではありません。「○○ is 何」のような暗記では、なかなか上達しないうえに苦しいです。

> **メモ**
>
> 　各種資格の取得を目的としているのなら、この話は忘れてください。資格試験は「回答を書くこと」が目的なので、暗記はその目的に対して悪い手段ではありません。

　技術を習得するときは、「△△したいから、○○を使う」というように、目的に対して、○○という道具を使うという考え方をするのが理想です。

　多くの場合、○○の選択肢はたくさんあります。そして、○○は別の目的に使えることもあります。このように理解すると、技術の本質がわかるし、横に広がるので、応用も利きやすくなります。

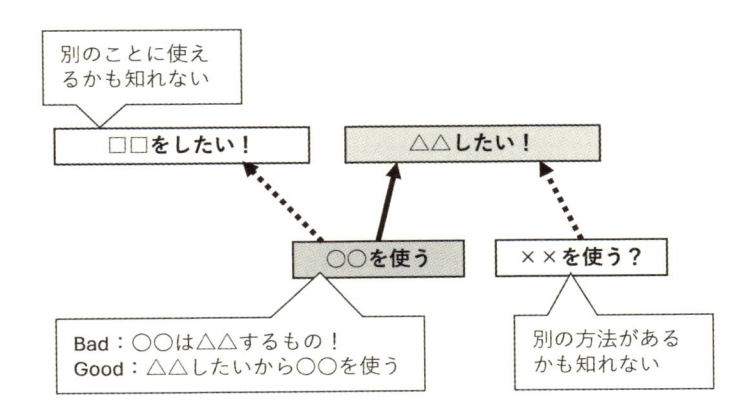

図3-9　道具を使うという考え方をする

コマンドひとつの理解から広がる世界

　ひとつ例を挙げましょう。過去、「インフラエンジニアの勉強法」と題して、初心者向けのインフラ講座をしたことがあるのですが、そのなかで、ping というコマンドを例にとって説明しました。

メモ

> 興味があるかたは、YouTube で見られます。https://youtu.be/h87XtibqCRY

　ネットワークを扱うときに、基本的なコマンドとして ping があり、これは入門時点で登場する基本的なコマンドです。相手と通信可能かどうかを調査するときに使います。

技術キーワード

ping	ピンと読む。相手と通信可能かどうかを確認するときに使うコマンド。

　習得にあたって、「ping は相手との疎通を確認するコマンド」と暗記することもできます。おそらく資格試験では、それでも充分です。
　しかしそれを少し掘り下げると、どうでしょうか？

　技術的な話になって恐縮ですが、インターネット（で使われている TCP/IP という規格）では、ICMP という、相手との疎通確認をする方法が用意されています。ping コマンドは、その ICMP に従ったデータを送信するコマンドです。

技術キーワード

ICMP	Internet Control Message Protocol。疎通確認のほか、転送エラーや構成の変更通知などの、各種メッセージをやりとりするときに使われる規約。

つまり、先ほどの「△△したいから、○○を使う」に置き換えるとこうです。

①相手との疎通確認がしたい
②インターネットでは相手との疎通確認にICMPを使う
③そのためにpingコマンドを使う

このように3段階に分けることで、pingコマンドという単なるコマンドからICMPという仕組みへと深い理解をしていけます。

仮に、「ICMPは、ping以外にも使われているのだろうか」と興味が湧いて調べ続けると、経路を調べるときにも使われていることがわかります。

経路を調べるのには traceroute というコマンドを使うのですが、もし「traceroute は経路を調べるコマンド」と暗記していたのでは、pingコマンドと実は、共通のICMPという仕様があるというところが明らかになりません。

技術キーワード

traceroute	相手に到達するまでに通る経路(ネットワーク機器)を確認するときに使うコマンド。

そしてまたICMPが使われる以上、ICMPが使えない環境ではpingコマンド（および traceroute コマンド。以下同じ）は使えないことは明確です。実際、ファイアウォールというセキュリティ機能でICMPが止められている環境では、pingコマンドは使えません。

もっというと、最近は、pingという用語が、オンラインゲームでの文脈で、「応答速度」や「遅延」「タイムラグ」という意味でも使われていて、Webブラウザで「ping値を計測する」というサイトもあります。

でもこれ、Webブラウザで「ping値を計測する」ことはできないです。Webブラウザでは、ICMPの通信が原理的にできないためです。

Webブラウザの「ping値の計測」は、pingと呼ばれているけれども、これは応答速度やタイムラグの文脈で使われているだけで、別の方法で計測しています。

このように、「△△したいから、○○を使う」という考え方をしていくと、技術の知識が、おのずと広がっていくのです。

技術キーワード

遅延	データが相手に届くまでの遅れのこと。ネットワークの混雑で遅れるだけでなく、機器での遅延、さらには距離による遅延（電気信号は光と同じ速度で通信するため、1秒に地球を7回り半しかできない。そのため日本と米国とで通信する場合、混雑や機器での遅れが一切なくても、遅延は必ず発生する）がある。

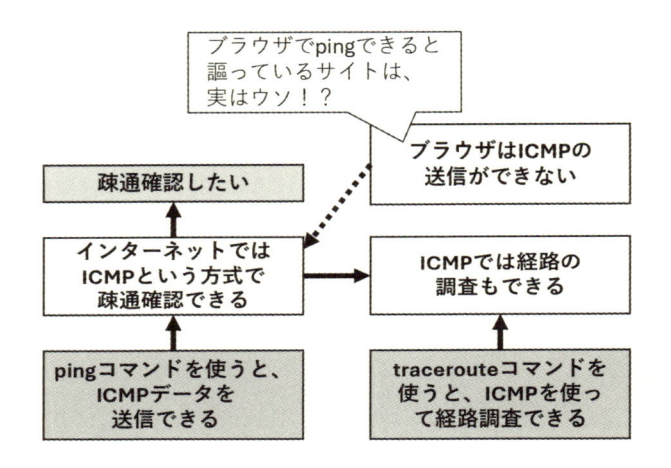

図3-10　pingコマンドから広がる世界

仕様にたどり着く

　たかだかコマンドひとつで、こんなに広がりを見せたら、探索がたいへんになりそうですが、探索の明確なやめどきがあります。それは、仕様です。仕様にたどり着いたら、それ以上の探索をする必要はありません。

　いまのpingコマンドの例だと、ICMPよりも先は、おそらく今回の目的では、辿る必要がありません。実際には、さらに下に、データの構造とかデータが届く仕組みとかいろいろありますが、そこまで辿るのは、また今度、必要になったときで充分です。

　なぜなら、ICMPは仕様であり、「どんなデータの構造で送信すべき」ということが定められているからです。
　インターネットの仕様は、**RFC**というドキュメントでまとめられていま

す。RFCには番号が付いていて、ICMPの仕様は、RFC792として参照できます（https://datatracker.ietf.org/doc/html/rfc792）。この資料に依れば、次のデータ構造で送信しなければならないと定められています。

メモ

> この図は、雰囲気をつかむためのものです。理解できる必要はありません。実際、基礎理論を理解していない人は、おそらくさっぱり理解できないと思います。ITエンジニアであっても、この図を理解できる人は少数です。

技術キーワード

RFC	Request for Comments。インターネット技術の標準的な仕様を記したドキュメント。IETF（Internet Engineering Task Force）というインターネット技術の標準化を推進する組織によって、とりまとめられている。

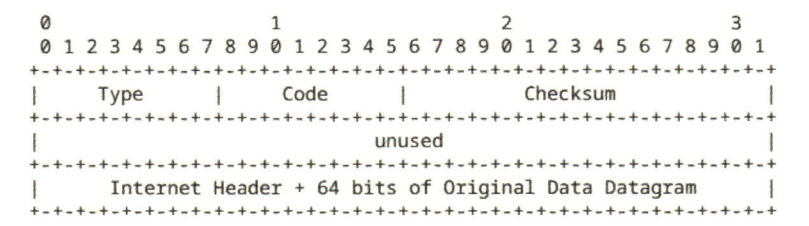

```
Destination Unreachable Message

    0                   1                   2                   3
    0 1 2 3 4 5 6 7 8 9 0 1 2 3 4 5 6 7 8 9 0 1 2 3 4 5 6 7 8 9 0 1
   +-+-+-+-+-+-+-+-+-+-+-+-+-+-+-+-+-+-+-+-+-+-+-+-+-+-+-+-+-+-+-+-+
   |     Type      |     Code      |          Checksum             |
   +-+-+-+-+-+-+-+-+-+-+-+-+-+-+-+-+-+-+-+-+-+-+-+-+-+-+-+-+-+-+-+-+
   |                             unused                            |
   +-+-+-+-+-+-+-+-+-+-+-+-+-+-+-+-+-+-+-+-+-+-+-+-+-+-+-+-+-+-+-+-+
   |      Internet Header + 64 bits of Original Data Datagram      |
   +-+-+-+-+-+-+-+-+-+-+-+-+-+-+-+-+-+-+-+-+-+-+-+-+-+-+-+-+-+-+-+-+
```

図3-11　ICMPのデータ構造

第2章では、入力と出力に応じた加工をするのが、ITエンジニアの仕事だと述べたことを思い出してください。

インターネットで相手と疎通確認をしたい、そのためにICMPというやり方がある、ICMPでは送信するデータの構造が決まっている、となれば、僕らは、そのICMPで決まったデータの構造のデータを送信する、それ以外の方法はありません。つまり、それ以外の話まで突き詰める必要がありません。

おそらく実現方法のひとつは、pingコマンドの実行ですが、もしかしたら、OSによってはICMPのデータを送信する他のやり方を備えているかもしれません。もしくは、組み込みなどの小型のマイコンでは、そういう

コマンドがなくて、こうしたデータを自分で作り上げるプログラムを作らなければならないかもしれません。

しかしどの場合でも、仕様に基づいた構造のデータを作るということに変わりません。**第2章**で、データに着目せよと言ったのは、これが理由です。

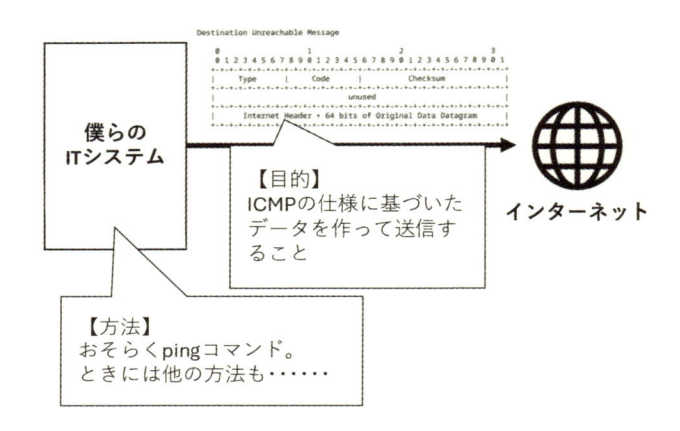

図3-12　仕様で決まったデータを作るシステムを作る

技術が生まれた背景を知る

技術を習得する場合、「この技術は、こういうことができます」だけでなく、その技術が生まれた背景を知ることは、次の2つの意味において重要です。

①理解しやすくなる

これは先ほど述べた「○○ is 何」として暗記しないとの話とも関連しますが、ほとんどの技術は、何かの物事を解決するために生まれています。

ですから、何をするために生まれた技術なのかを知ることで、その背景にあるものや使い方、応用例など、さまざまなつながりが理解できます。

②誤用しにくくなる

生まれた背景を知れば、その技術を、どのような目的で使うのかが、おのずとわかります。

「こうすればこうなる」という結果だけを見ていたのでは、技術を適用す

る「使いどころ」を見誤る可能性があります。使いどころを見誤ると、期待していた性能が出ないなど、問題が起きがちです。

> **メモ**
>
> あとで触れますが、誤用を防ぐという点では、事例をきちんと確認しておくのも、方法のひとつです。

3.4 さまざまな学習方法

ここまで、いわば習得の心がけのようなことをお話してきたわけですが、実際に、どのように学んでいけばよいのでしょうか。

学習方法は、さまざまで、技術の成熟度や、どこまで理解したいのかによります。一種類の方法ではなく、いくつか組み合わせて学習していくことは、効果があります。

展示会

これから流行ろうとしている、もしくは、いま流行っている技術トレンドを知りたいのなら、展示会に行くことをお勧めします。

さまざまな技術の概要を知ることができるのはもちろんですが、展示ブースに集まる人の様子を見れば、その技術の注目度もわかります。

また展示会では、実際にその技術を用いた製品が並べられることがほとんどなので、事例もわかります。事例をいくつか見ることで、その技術をどのように活用していけば良いのかの想像も付きやすいです。

なお、展示会は、「幅広い技術全般を扱うもの」と「特定の分野を扱うもの」の2種類に大きく分かれます。目的に応じて選ぶと良いでしょう。

セミナー

短時間で特定の技術を理解したいのなら、セミナーがお勧めです。

筆者もいくつかのセミナー講師をしていますが、セミナーは、限られた時間で、できるだけ全体像を掴んでもらうことを目的としています。

　他のセミナー講師がどのように考えているかはわかりませんが、限られた時間で全部を深く解説することは無理なので、僕は、肝となる部分やキーワードをできるだけ入れて、「あとは自分で調べられるよね」というところを目標に設定しています。

　これから学ぼうとする技術について、なにもわからないスタート地点の場合は、まず、初心者向けのセミナーに参加し、概要やキーワード的なものを掴む、そして、それをとっかかりにして次のステップへと進んでいくのが近道だと思います。

メモ

　最近では、YouTube 動画のほか、Udemy、Schoo などのオンライン学習サービスもあります。動画やオンライン学習サービスは、セミナーで学ぶのと同じ効果があります。

コラム　題材がマッチしたら行くべき！　中上級者セミナー

　セミナーは、中上級者向けのものもあります。中上級者向けのものは、狭く深い内容となることが多いです。

　筆者も、そうしたセミナーを担当することがありますが、初学者向けのものとは違い、具体的な方法や現場で困ることの解決方法をできるだけ採り入れるようにしています。

　狭く深い内容のものが多いため、自分の仕事とマッチする題材のものを探すのが難しいのですが、マッチしたものは、とくに身につくことが多いため、見つけたら参加することをお勧めします。

　また中上級者向けのセミナーは、録画ではなく生で講師とやりとりできるものがお勧めです。疑問点を直接、講師に聞けます。

ハンズオン体験

　実際に手を動かして学べるハンズオン体験も、入門として良い選択です。

　ただしおそらく、ハンズオンだけでは、その技術を習得することはできません。できれば、他の方法と併用することをお勧めします。

　著者も、ハンズオンの講座を担当することがありますが、ハンズオンは操作が中心となるため、その背景にある理論までの解説をする時間は、なかなかとれません。できるだけ、操作に伴う技術的な意味を補足するように務めていますが、どうしても限度があります。

　ハンズオン体験は、実際に何をすればよいのかが体感できるのが最大のメリットです。

　何か始める場合、最初に理論からはじめても理解しにくいため、まずハンズオン体験し、そのあとに、別の方法でしっかりと学ぶことで、「ああ、あの操作は、こういう意味だったんだ」というように組み合わせて使うと、理解が早まるのではないかと思います。

コラム　メーカーが提供する学習サービス

　最近では、ソフトウェアやサービスを提供する会社が、自社のサービスを解説するセミナーや動画を配信していることもあります。

　たとえば、クラウドサービス大手の AWS は、毎年、「AWS Summit」という大規模な展示会・セミナーを開催していますし、「Black Belt」といういつでも見られる動画による学習コンテンツも提供しています。

　特定のメーカーの技術を習得したいのであれば、こうしたメーカーが提供する展示会・セミナーに参加するのは、とても良い経験です。

　メーカーが作っているため内容は信頼できますし、活用例を見れば、どのような場面で使えるのかの想像もしやすいです。気になることがあれば、説明員に聞くこともできます。

ブログ、雑誌や書籍などの文字メディア

　ブログや雑誌、書籍などの文字メディアで学習していくのは王道です。これらは情報が出るタイミングや量などで使い分けると効果的です。

①ブログ記事

　幅広い内容が、話題になったタイミングで迅速に公開されます。旬の技術を知りたいときに適しています。

　ブログという性質上、情報量を多くできないため、基礎となる話は省略されがちです。そのため、経験者には良いけれども、初学者には向かない（難しすぎる）ことも多いです。

②雑誌

　ある程度、その技術が話題になった頃に扱われます。ある程度の分量がありますし、特集で扱われるときは、入門から活用まで、いくつかの記事が揃えられることが多いです。

　雑誌は書籍と違って、古い号を入手するのが困難です。ですから、気になる技術の特集号は、買っておくことをお勧めします。

③書籍

　技術がそこそこ普及してきた頃に登場します。順序立てて構成されているため、最初は何か一冊、入門書からはじめるのが理解しやすいです。

　書籍は、「概要について書かれた本」と「具体的な使い方」の2種類があるので、どちらが望みなのかを考えましょう。1冊で両方というような欲張った考えはしないほうが良いです。

　どちらか一方で済む話ではないので、概要と具体的な使い方は、並行して進めていきましょう。

同じテーマを別の方法で３回学ぶ

学習で意外と大事なことは、鵜呑みにしないということです。

これは間違っている可能性があるということもありますが、そのコンテンツを作った人の主義主張が混じっているからです。

皆さん、いま、この本を読んでいますが、これは筆者である僕の主張です。おそらく他の著者が同じテーマで本を書けば、その内容は違ったものになるでしょう。

これは技術に限った話ではありませんが、ひとつの情報からだけ理解するのは危険です。

そこで、同じテーマを２つ以上の情報源——できれば３つ以上の情報源——から収集することが理想です。

これは復習になるという意味もありますが、複数の情報源で、どれもが共通に述べていることを確認することで、その技術で肝となる、もっとも重要なところが見えてくるからです。

３回習得するのは無駄な時間にも思えますが、誤解して理解して後先に響くよりもマシです。それに２つめ、３つめの情報源からの学習は、１つめの情報源からの学習よりも、時間がかからないはずです。

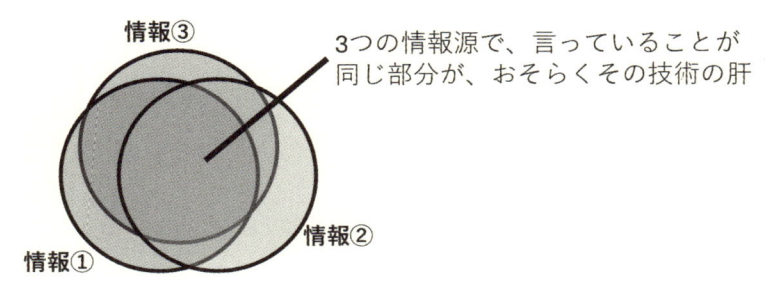

３つの情報源で、言っていることが
同じ部分が、おそらくその技術の肝

情報③

情報①

情報②

図3-13　３つの情報源から学習する

コラム　メディアの性質で伝え方が変わる

　説明してきたように、学習する方法は、展示会やセミナー、ハンズオン体験、ブログ、雑誌、書籍、とさまざまです。どれが優れているというわけではありません。これらは特性です。

　僕は、セミナー講師もやりますし、ブログも雑誌も書籍も書きます。どれも、やり方を変えています。なぜなら、それぞれのメディアの特性があるからです。

　たとえばセミナーでは、口頭で進めていくので、聞き逃しがどうしても発生します。ですからあえて、大事なことは2回、3回と繰り返します。でも、それと同じことを雑誌や書籍でやると冗長ですよね？

　同じ文字媒体のブログや雑誌、書籍とでも、また書き方が違います。ブログや雑誌の場合は文字数の制限がある——長いと皆さん、読むのも嫌だから、あえて短くまとめるように努める——からです。

　ブログや雑誌を読んでいる皆さんは、すぐに、それが何モノなのかを知りたいはずです。自分が興味ない記事なら、それを読む意味がないからです。そこで雑誌では、起承転結ではなく、「先に結論、そして、なぜならば」という形で書くのがセオリーです（これはときどき「逆三角形に書く」と言われます）。

　一方、書籍は、皆さん、「学習しよう」という意図を持って読むので、最初から少しずつ、できるだけ躓かないように丁寧に書くように心がけています。

　発信側は、こういうメディアの違いを意識しています。

　いまや学習は本だけではありません。読者の皆さんも、学習するときに、どんな方法が最適なのかを、一度、考えてみるとよいでしょう。

3.5 まとめ

　この章では、技術要素を習得するときのポイントと具体的なやり方について説明しました。

　もちろん、どのような学習方法が良いのかは人それぞれですが、肝となる部分は同じです。

　まずは、本当にいま習得すべきかという仕分けです。技術は変わるので、習得のタイミングも大事です。自分に関係ないことは、後回しでも良いですし、早く学びすぎてしまうと、それが普及したころにはやり方が変わっていて、習得が無駄になる可能性もあります。

　そしてそれを短時間で習得するための工夫です。短時間で習得できる下地として基礎理論を習得しておくこと。これはとても大切です。そして「○○ is 何」で習得せず、ひとつの技術を中心に深く広く進めていくと、結果として、学習量が減ります。

　学習方法としては、展示会、セミナー、ハンズオン体験、そして、ブログや雑誌、書籍などがあるので、どのタイミング、どの程度、深く知りたいかを基準に組み合わせると良いでしょう。

　そして、講師や著者に言っていることを鵜呑みにしない。3つ以上の情報源を組み合わせることも重要です。

　学習方法についてのお話はここまでです。次の章からは、設計、開発、運用のそれぞれについて、肝となることをお話していきましょう。

第4章 設計の心得

設計は、ITシステムとして動かせるよう、世の中のさまざまな出来事をデータ処理できるように整理することです。
この章では、設計を担当するにあたってのポイントを解説します。

4.1　設計の基本

　設計は、さまざまな課題をITシステムで解決できるようにする工程です。ここまで繰り返し説明してきたように、ITシステムでは、データを扱うことしかできません。

　すなわち設計は、現実世界のさまざまな事象(業務など)を、どのようなデータとして表現するのか、そして、それをどのようにデータ処理するのかを決めることです。

　設計を担当するのは、**システムエンジニア(SE)** と呼ばれる職種です。

技術キーワード

システムエンジニア	System Engineer。略してSE。設計を担当する人。

さまざまな事象

設計　　→　データで表現できるようにする

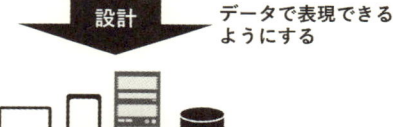

ITシステム

図4-1　世の中の事象をデータとして表現して物事を解決する

設計の前工程である要求定義と要件定義

第2章で説明したように、ITシステムを作るときは、入出力やデータの流れに注目します。

どのような画面が必要なのかが決まれば、入力するデータ項目と出力するデータ項目、そして、それぞれの関係が決まります。ですから、そうした入出力に注目して、設計していきます。

実は、この設計の前に、これから作ろうとしているITシステムが、どのようなものかを明確にする「要求定義」と「要件定義」の段階があります。

技術キーワード	
要件定義	何がしたいのかをまとめること。
要求定義	必要な機能や性能をまとめること。

①要求定義

ITシステムで、「何がしたいのか」をまとめることです。

②要件定義

①の要求定義を満たすために、「どのような機能や性能を持つもの」をITシステムとして作るのかをまとめることです。

これらはいわば、作ろうとしているITシステムの洗い出しです。

まず①の要求定義で、「要望」をまとめます。

それから、②の要件定義で、「これを作るということでよいですよね」と、備えるべき機能や満たすべき性能などをまとめるのです。

> **メモ**
>
> 決められた書式はありませんが、ITシステムを納品する際に、これらを満たしているかを確認しやすいよう、①も②も、最終的に一覧表としてとりまとめるのが慣例です。

ITシステムの設計経験がない人は、「これからITシステムを作ると言っているのに、作りたいものが決まっていない？」と不思議に思うかもしれません。しかし設計に先立って、細かいことが決まっていないのは、よくあることです。

　これは他の業界でもよくあることで、たとえば建築業界において、「家を建てたい」という場合、当然、家の設計書を作る必要がありますが、このとき、平屋なのか2階建てなのか、部屋はいくつ必要なのかなどを決めなければ、設計書は作れません。

　要求定義や要件定義は、こうした設計の前段階です。順序としては「要求定義」→「要件定義」の順で進むのが妥当ですが、実際の現場では、並行して進んだり、いったりきたりしながら、要求定義・要件定義を進めていきます。

メモ

　　IT業界は仕事のやり方が建築業界と似ているため、ここでの例示のように、建築業界になぞらえて説明されることも多いです。

　ITシステムは、自分が使うために作るのではなく、お客さんから発注を受けて、「こういうITシステムを作ってください」と言われるほうが圧倒的に多いです。

　ですから要求定義や要件定義は、依頼者にヒアリングして、「これから作るものについて、同意をとる」という行為でもあります。

　同意がとれたら、それを満たすように設計していきます。

　言い換えると、設計段階まで来たら、ITシステムに、どのような機能を盛り込まなければならないのかが決まっています。

　こうして求められている機能を、ITシステムとしてどのように実現するか、すなわち、「どうやってデータ表現というかたちで処理していくのか」を、漏れなく考えていくのが**設計**です。

メモ

　　設計では、機能だけでなく性能の定義も求められます。詳細は、「**4.3　性能の担保**」で説明します。

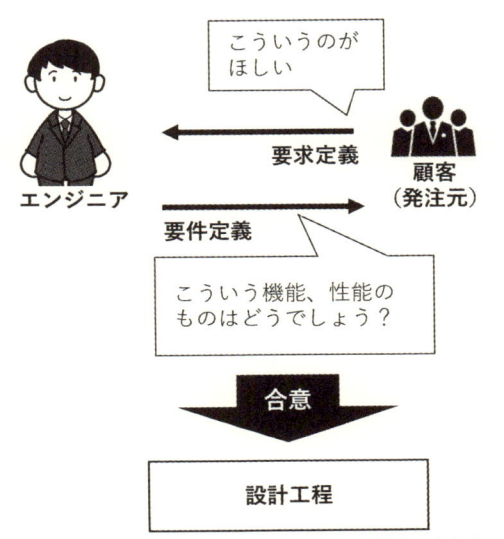

設計工程では、満たすべき機能、性能が決まって
いるので、それを漏れなく設計していく。

図4-2　要求定義、要件定義から設計の流れ

業務知識を知る

ITシステムは、会計や販売、人事、生産など、特定の業務向けのものを
作ることも多いです。

そうした特定業務向けのITシステムを作る場合は、その業務の常識や
慣例を知っておく必要があります。こうした常識や慣例のことを「**業務知識**」
と言います。

技術キーワード	
業務知識	特定の業界に関する常識や慣例など。ドメイン知識とも言う。

業務知識を無視した設計は、現場の人が使いにくいだけでなく、使い物
にならないITシステムになる可能性があります。

たとえば、小売には、棚卸（ある日の時点での在庫数をカウントして、
資産として計上すること）という概念がありますが、そうした概念を知ら

ないと、棚卸用のデータの保存について、一切、考えられていないITシステムを設計してしまう恐れがあります。

　本来、これは要求定義に記述されることですが、お客さんにとって、そんなことは常識なので漏れてしまう可能性が高いです。ですから、私たちは、業界についてある程度知り、漏れがないかを指摘しないと危険です。

　このようにITシステムを設計する際には、ITに関する知識だけでなく、他の分野にも目を向けることが重要です。

　主要な業務の基本的なものは、IT向けの書籍として、「業務知識がわかる本」などのタイトルで売られているので、そうしたものを参考にするとよいでしょう。より詳しく知りたいときは、書店で、対象の業界の棚を見て、そこから入門書を探すのが良いです。

図4-3　業務知識の必要性

　なお、現場ごとに異なるローカルルールもたくさんあります。ですから可能な限り現場に出て、担当者の生の声を聞くことが大切です。

　何が正しいのかは、現場次第です。「本ではこう書いてあったから、現場が間違っている」など、理論だけを振りかざすのは避けましょう。

4.2 設計できるようになるには

では具体的に、要件定義から IT システムが動くような構造を、どのように設計すればよいのでしょうか？ 設計の秘訣はあるのでしょうか？
それは、

似ている IT システムを真似る。

これに尽きます。

本書の読者にとって残念かもしれませんが、IT システムの開発では、まったく知らない未知のものを作ることは、希です。
「データの種類」「データの構造」などが、少しだけ違うものを、お客さんの要望に合わせて作り直しているだけというのが、IT システム開発の実態です。

ですから、すでに動いている IT システムの構成を真似て、それを改良したり、部分的に組み合わせたりする方法を習得すれば、はじめのうちは、それで充分です。

IT システムの構成を知るには

では、IT システムの構成を知るには、どのようにすればよいでしょうか？

①使ってみる

似たような IT システムがすでにあるなら、それを実際に使ってみるのが良いです。
とくに IT システム全体を統括する管理者機能などの画面を触れると、全体像がわかります。

②事例から知る

事例には、IT システムの構成図が書かれていることが、よくあります。
事細かく書かれているわけではありませんが、全体の流れと、そこで使われている技術やロジックなどを理解するのに重宝します。

③書籍などの文献から学ぶ

　実務的なアプリケーション構築を題材とした書籍があります。そうした書籍を見ながら、実際に作っていくと、概ねの構造がわかります。

　データベースを使ったプログラミングをテーマとして書籍は、こうした構成のものが多いので、参考にすると良いでしょう。

メモ

> 　「他のシステムの仕組みを理解しろ」という話になると、強いエンジニアが、「OSSとして公開されているITシステムのコードを読め」などと言ってくることがありますが、それは無理ってものです。解説ドキュメントはありませんし、実務で動くコードは、細かいギミックのための余計なコードもあり、さらには、つぎはぎで開発したために整っていない箇所もあります。
>
> 　そうしたものを読むことは、茨の道を進むようなものです。進むことができれば大きな力になるかもしれませんが、大半の場合、挫折します。

経験しないと上達しない

　設計は技術ではあるものの、ある意味、経験です。

　さまざまなITシステムの設計を経験し、どのようなデータの流れで作ればよいのかがわかると、その類似性から、「こうやって作ればうまくいくのでは？」というところがひらめいてきます。

　ですから、経験なしに上達するのはなかなか難しく、とくに「最初の一歩」が難しいのです。

　そうした理由から、企業では、新入社員には、お客さんとの打ち合わせの場に議事録係などとして同席させたり、最初のうちは、ITシステムの動作テストや小さな改修などを任せたりすることで、「ITシステムとは何か」を叩き込んでいくのです。

　そうした経験で習得していくのが理想ですが、難しい環境なら、書籍などから学んで、小さなITシステムを個人開発することで経験する方法があります（**第7章**）。

データにまつわる知識は必須

　繰り返しになりますが、ITシステムは、データでの表現です。

　ですから基礎知識として、古典的なデータ構造、そして、データベースの仕組みを習得することは欠かせません。

　この基礎を理解しないことには、おそらく設計できるようにはならないでしょう。

4.3　性能の担保

　ITシステムは動けば良いわけではありません。性能の担保も課題です。

常識的な速度で動くこと

　ITシステムは、実用的な速度で動くことが前提です。ボタンをクリックしてから画面が表示されるまでに平均10分なんてシステムは、おそらく受け入れられません。

　ですから設計にあたっては、常識的な速度で動作するような構造でなければなりません。

メモ

　性能に関する規定は、要件定義において、「**非機能要件**」として記載されます。たとえば、「ボタンをクリックしてから平均3秒以内に画面を表示すること」などです。システムの納品時には、要件定義を満たしているかの確認（受け入れテストや検収と呼ばれる作業）があります。要件定義は開発の契約であり、書かれていないことは「知らないよ」って突っぱねることが可能です。そのため常識的なことでも、きちんと要件定義に書いておくのが通例です。

扱うデータの嵩に注意する

　処理に、どのぐらいの時間がかかるのかは、複雑さと回数に依ります。

　おそらく扱うデータが千件程度であれば、いまのサーバーの性能なら、適当に設計しても、問題ないことが多いです。

　しかしそれが数万件、数十万件となれば、話は別です。たとえば1件を処理するのに0.1秒かかる場合、10万件なら1万秒、すなわち、2.7時間ほどかかります。

メモ

> 　データ数が倍になると、処理にかかる時間も倍になるとは限りません。
>
> これは、処理のアルゴリズムによって異なり、計算量と呼ばれます。コンピュータの基礎理論を履修するとわかりますが、$O(\log N)$ や $O(N)$、$O(N^2)$ など、O記法と呼ばれる書き方で記されます。$O(N^2)$ は最悪の場合、データ数の2乗に比例して計算量が増大するので、データ数が多いと、とてつもなく遅くなることがあります。処理内容が、どのような計算量なのかを知っておけば、データ量が多くなったときの速度低下の予測ができます。こうした意味でも、基礎理論を疎かにすべきではありません。

　処理に時間がかかるのなら、高性能なサーバーを導入すればよいではないか？　という話もありますが、それはどちらかというと、最終手段です。高性能なサーバーは、コストに直結しますし、サーバーの処理能力を上げようとしたところで、1台のサーバーの能力には限界があります。

　大量のデータを処理する必要があるのなら、本当に全部、一度に処理しなければならないのか、何回かに分けることはできないか、すでに処理したものを除外することで速くならないか、複数台のサーバーで処理を分散できないかなど、設計上、さまざまなことを検討します。

　このような理由から、設計に当たっては、扱うデータの嵩を意識することは、とても大切です。のちに**第6章**の運用のところでも説明しますが、データの嵩によって、用意すべきサーバー機器やネットワーク機器の性能も、違ってきます。

垂直スケールと水平スケール

設計時は処理能力が充分であっても、使い続ければ、扱うデータ量は自ずと増えます。

また、インターネット向けのITシステムであれば、人気が出て、利用者が増え、それに伴い、処理しきれなくなることもあります。

その場合、処理能力を上げる必要があるのですが、それには「垂直スケール」と「水平スケール」の2種類の方法があります。

①垂直スケール

1台のサーバーの能力を上げる方法です。簡単に言えば、高スペックなサーバーに変更して、凌ぎます。

②水平スケール

台数を増やして、全体の能力を上げる方法です。簡単に言えば、数を増やして凌ぎます。

簡単なのは①の垂直スケールです。この場合は、設計のときに、とくに考慮しておかなくても対応できます。

メモ

> とくに昨今、クラウドで運用している場合は、サーバーを一時停止し、性能の設定を変更して、再度起動するだけで完了します。

しかし1台のサーバーの処理能力には限度があります。高性能なサーバーは高価で、いくらお金を払っても、その処理能力には限界があります。

そこで検討したいのが、水平スケールです。水平スケールは、台数を増やすことで処理を分担する仕組みです。

メモ

> 水平スケールは、**第6章**で説明する「冗長化」とも関連します。台数を増やして分散すると、一部のサーバーが故障しても、処理をし続けられます。

　水平スケールできるようにするには、設計の段階で分散できる構成にしておかなければなりません。

　分散するということは処理が並列して流れるということです。

　どのように処理を分散するのか設計するのはもちろんですが、処理の一部が失敗したときに全体としての整合性が保てるようにリカバリするなど、設計上、考えることがたくさんあります。

　また、水平スケールは、垂直スケールに比べて構造が複雑になるため、運用も煩雑になります。

　どちらが良いということはありませんが、水平スケールしたいのなら、設計時に考慮しなければならないことを知っておくことは大切です。

　垂直スケールしか考慮していないものを、あとから水平スケールにするのはたいへんなので、その予定なら、扱うデータが少なくても、（最初は水平スケールせず1台だけのサーバー運用であっても）、水平スケールできる設計にしておくようにします。

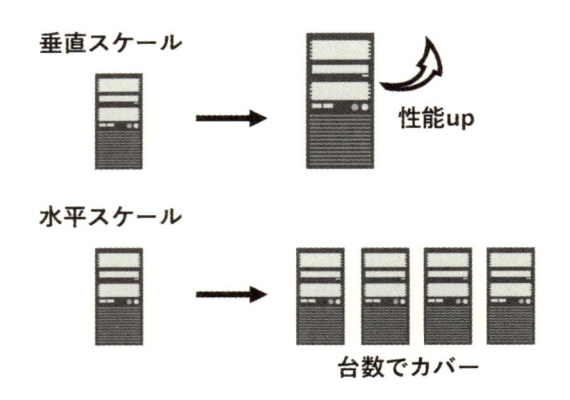

図4-4　垂直スケールと水平スケール

4.4 プログラミングできなくても設計できるのか

　さて、最後の話題です。

　よく聞かれる質問に、「プログラミングできなくても、設計できるのか」という問があります。

　その答えは「Yes」です。

　データの表現や流れ、加工の方法を決めることが設計だからです。プログラミングは、プログラミング言語を使って、具体的にデータをどのように表記して、どのように加工するのかを記述することであり、設計とは別の話です。

　しかし「プログラミング言語でデータをどのように表現するのか、そして、どのような操作をするのかを知らないのに、データ表現や加工方法について述べられるわけがない」というのも事実です。

　プログラミングは道具なわけですから、言い換えると、「道具の性質も知らないくせに、おまえはモノの設計ができるのか！？」ということです。

　実は、この言葉にヒントがあって、道具の性質——つまりプログラミング言語やプログラミングでできることの性質——を理解することは、設計に必須です。

　でも、道具の性質を知っているかどうかと、道具を実際に使えるのかというのは、また別の話です。

　設計するには、プログラミングできる必要はありません。

　しかしプログラミングで何ができるのか、その性質を理解しておく必要があります。さもないと、プログラミングしにくい設計をしてしまい、システムの安定性や開発工数に影響を与える恐れがあります。

　ここまでのお話で、なんとなく察しが付いたかもしれませんが、「プログラミングで何ができるのか」というのは、基礎理論の一部です。

　ですから基礎理論を習得していれば、プログラミングできなくても、何ら問題ありません。

　とはいえ、開発部隊から出来上がってきたものが正しいかどうかを確認したり、開発担当のエンジニアに指示を出したりするうえでは、プログラミングできることは、有利に働きます。

　結論としては、プログラミングできなくてもよいし、プログラミングが苦手であることは、まったく問題ありません。

　けれども、プログラムを理解できることは必要です。

　実際、ほとんどのシステムエンジニアは、自らプログラムは書けなくても、出来上がったプログラムをなんとなく読める程度の技量を備えています。

第5章
開発の心得

開発は、設計を元に、実際に動くものを作る工程です。
この章では、開発を担当するにあたってのポイントを解説します。

5.1 開発の基本

開発では、設計を元に動くプログラムを作ります。

「動くプログラム」は、PCやスマホ、サーバーなど、物理的な機器のうえで動作します。つまり、動かしたい機器に合わせて作ることが必要です。

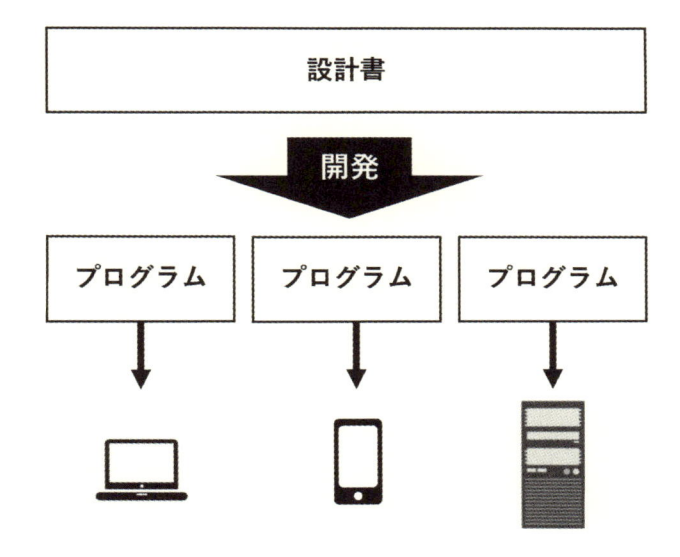

図5-1　動かしたい機器に合わせて作る

機器の都合で構成が決まる

　機器によって、動かすプログラムの作り方が変わります。

　これはOSやブラウザ、そして、通信に使うネットワークの仕組みなど、さまざまな制約を受けるからです。

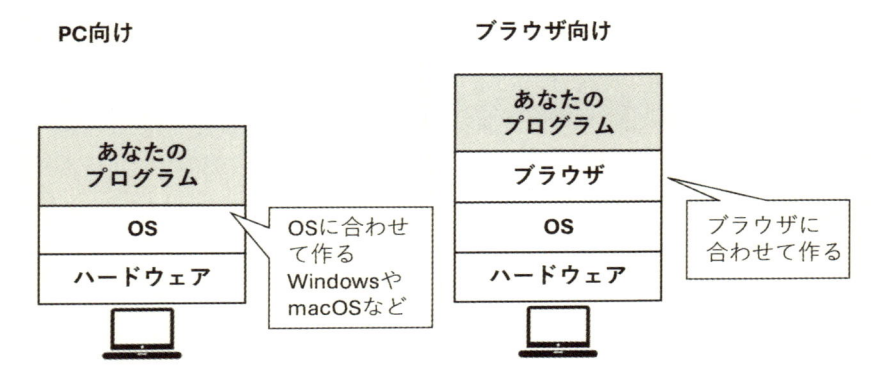

図5-2　機器の制約を受ける

　私たちが、直接、機器のハードウェアを制御できるなら制約は少ないですが、現実的な開発では、それはほとんどありません（あるとすれば、組み込み開発です）。

　ハードウェアを制御するプログラミングはたいへんですし、現実的に、ユーザーは何らかのOSが動くPCやスマホ、サーバーを使っています。ですから、それらの機能を使って実現できる範囲でしか作れません。

制約の多さは知るべきことの少なさでもある

図5-2に示したように、ブラウザを使う場合には、OSだけでなくブラウザによる制約もかかります。このように、乗っかるものが多ければ多いほど、制約が多くなります。

しかし逆に、必要な知識は少なくなります。なぜなら、そもそもブラウザの範囲内でしかできないのだから、それよりも下のことを知る必要がありません。

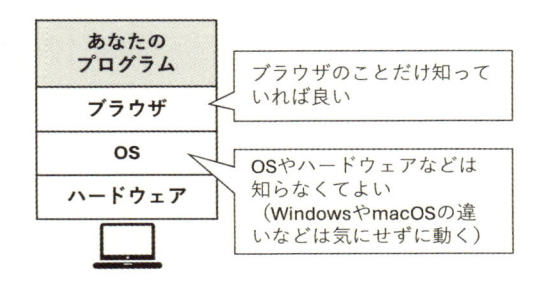

図 5-3　直下の制約よりも下の階層は意識しなくてよい

ライブラリやフレームワークの使用

最近は、プログラムを作るときに、**ライブラリ**や**フレームワーク**というプログラムの部品を使うことも多くなりました。

技術キーワード	
ライブラリ	Library。プログラムの部品集。
フレームワーク	Framework。土台の意味。開発したプログラムを載せるベースとなる基本的なプログラム。

①ライブラリ

ライブラリとはプログラムの部品集で、何かの機能を提供するものです。

たとえば、WordやExcelファイルの読み書きするライブラリ、PDFファイルを出力するライブラリ、ネットワーク通信するライブラリなどがあります。

　こうした機能を自分で作るのはたいへんなので、そうした機能を備える部品を拝借して、機能を組み込んで使います。

　ライブラリは有償のものもありますし、無償のもの、オープンソースのものもあります。

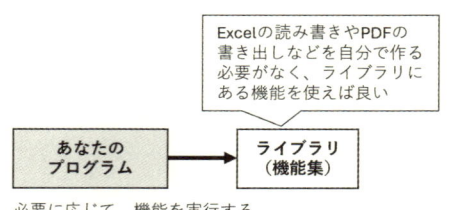

図 5-4　ライブラリ

②フレームワーク

　フレームワークとは土台となるプログラムのことです。

　フレームワークを使う場合、開発したプログラムを、そのフレームワークの上に載せます。

　開発したプログラムが主体となって動くのではなく、フレームワークが主体となって動き、必要に応じて開発したプログラムのコードが実行されます。簡単に言うと、フレームワークの開発は、「プラグイン」のようなかたちで必要なところだけ実装するやり方をします。

　フレームワークもライブラリと同様、有償のものもありますし、無償のもの、オープンソースのものもあります。

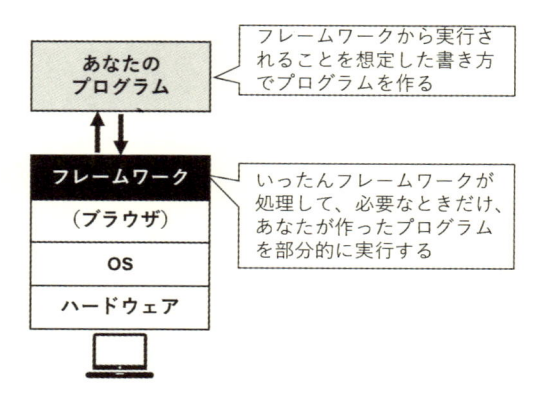

図5-5　フレームワーク

フレームワークの良さ

　フレームワークは、図5-3に示したOSやブラウザの構造と同じで、プログラムの下にあるため、動作が、そのフレームワークに縛られます。つまり、フレームワークで規定された通りに作らなければなりません。

　これは制限が課せられる一方で、開発者はフレームワークよりも下のことは知らなくてよいということでもあります。

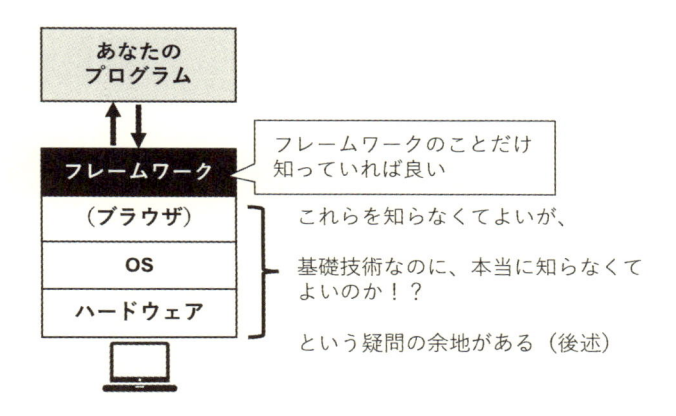

図5-6　フレームワークより下のことを知らなくてよい

　フレームワークを使うと、次の利点があるため、最近では、フレームワークを使うことが多いです。

①ITシステムに必要な典型的な処理を書かなくてよい

　フレームワークの内部に、典型的な必要な処理（入力フォームからの読み取りや入力エラーの検証、エラーメッセージの表示など）があらかじめ組み込まれています。そのため、フレームワークを採用することで、記述しなければならないプログラムが大幅に減ります。

②短時間が習得できる

　フレームワークは、さまざまな複雑な仕組みを隠蔽し、プログラムを作りやすくしています。短期間で習得でき、すぐに実践的に使えます。

③誰でも同じ書き方をとるので、チーム開発しやすい

　フレームワークの書き方を強要するため、初心者でもベテランでも、プログラムの書き方が、ほぼ同じです。

　最近の開発は、複数のメンバーで進める、チーム開発が基本です。ＡさんとＢさんとでプログラムの書き方が違うと、統一感がとれず、厄介です。

　フレームワークを使えば、こうした問題を解決できます。

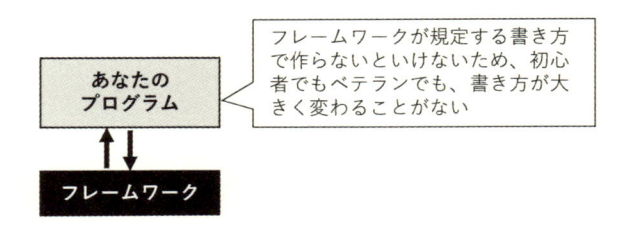

図5-7　フレームワークはチーム開発にも有利

フレームワークの弊害

　フレームワークを使うことには、弊害もあります。それは細かい部分を隠蔽するため、ITシステム自体の仕組みが見えず、理解の妨げとなる点です。

　第3章では、応用技術と基本技術は階層的であると説明しました。フレームワークは、まさに応用技術であり、それが下の階層を隠すということは、まさに「応用技術しか見えない」という状況になるのです。

　そのため、フレームワークを使った開発にどっぷりとはまってしまうと、そのフレームワークなしで開発することが難しくなってしまいます。

　もしその後、別のフレームワークを使った開発プロジェクトを担当するのなら、そのフレームワークについて、また新たに学習しなければなりません。フレームワークは、それぞれ主張が強いため、似ていないところも多いです。

　つまり、応用技術だけを追うことになるので、**第3章**で説明した、「いつまでも勉強が続いて楽にならない」という悪循環になってしまいます。

フレームワークは、依存性があるもので、この悪循環を完全に断ち切ることは困難です。

しかし、その下の階層を少し学習すると、フレームワークがどういう仕組みで隠蔽しているのかが見えてきます。そうすると、他のフレームワークを使ったときに、「原理的に、こういう動きなのだから、新しいフレームワークにも、こういう機能がないとおかしい」と勘が働くようになります。

そうなってくれば、フレームワークの背後にあるものをまったく知らないよりも、新しいフレームワークを学習しやすくなります。

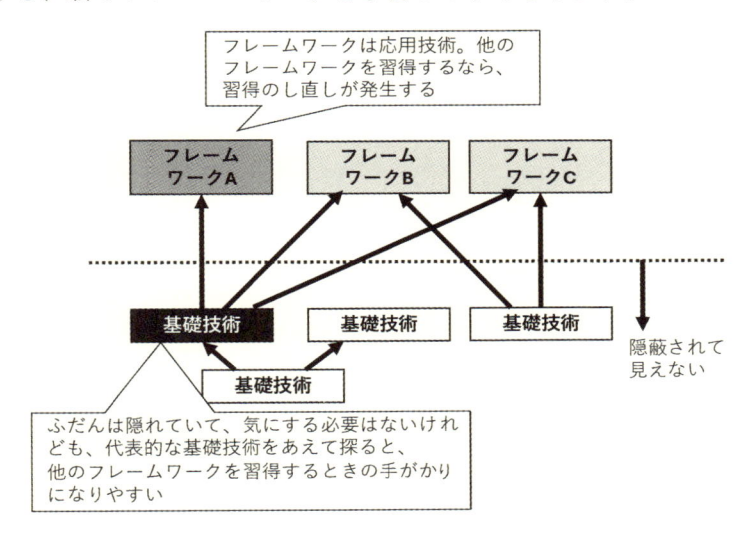

図5-8　少し階層の下まで知ると、新しいものを学習するときに勘が働くようになる

開発物のテスト

近年の開発現場では、テストの重要性が高まっています。「正しく動くプログラムを作る」という観点から、テストは開発の必須工程です。

テストの目的は、「**意図通りに動作することの確認**」です。

初回に作ったものを納品する際に、テストして確認するのは当たり前ですが、改修の際にもテストが欠かせません。

近年は、プログラムを短いサイクルで使いやすく少しずつ修正していくことが多いです。些細な修正だからと言ってテストを省略することは、大きな事故に繋がる危険があります。

　だからといって毎回、少しでも修正したら、手作業でテストするというやり方は効率が悪く、手間がかかりすぎます。そこで手作業ではなく、自動化するのが一般的です。

　開発者は、プログラムを作るときには、それをテストするための小さなプログラムも一緒に作ります。そして、そのテスト用のプログラムを使って自動的にテストできるようにするのです。

　テストには、さまざまなテストがありますが、そのなかでも機能単位でテストする「**単体テスト**」（**ユニットテスト**）は、もはや必須とも言える、テストの自動化方法のひとつで、多くの現場で採り入れられています。

　開発手法として、先にテストを書き、そのテストに通るようにプログラムを作るやり方もあり、それを「**テスト駆動開発**」（TDD）と言います。

技術キーワード

テスト駆動開発	Test-Driven Development, TDD。先にテストを書き、そのテストに通るようにプログラムを実装するやり方。

　現在、ほとんどの開発の現場では、テストが必須なので、開発者は、さまざまなテストツールの使い方や、テストツールの仕様に基づくテストの書き方も習得する必要があります。

コラム　AIを使う時代のテストのますますの重要性

　AIを使う時代になり、開発者はプログラムをAIに作らせることも増えました。
　AIは、正しいプログラムを作るかどうかわかりません。そのため、ますますテストの重要性が増しています。
　逆に言うと、テストをしっかり作っておけば、AIが作ったプログラムをざっとみるだけで済みます。もし、テストを作っていなければ、AIが作ったプログラムが正しいのかどうかを、入念に確認する必要が生じます。

5.2 プログラミング言語を選ぶ

開発というと、すぐに思い浮かぶのはプログラミングです。

そしていつも、「どのプログラミング言語が良いですか」と聞かれます。

その答えは決まっていて、**「作りたい機器で動かせるプログラムを作れるプログラミング言語」**です。

偉くならずしてプログラミング言語は選べない

第2章で説明したように、WindowsやmacOS、iPhone、Androidなど、対象によって、使えるプログラミング言語が異なります。

ですから、「何が良いですか？」ではなくて、「何を使うことができますか？」から、話が始まります。

iPhoneやAndroidの場合、それぞれSwift、Kotlinの一択です。WindowsやmacOSの場合も、それぞれC#やSwiftが使われることがほとんどです。

そうでない場合、たとえば、多くのサーバー側のプログラムを作る際には、好きなプログラミング言語が使えます。

しかし実際は、あなたは好きなプログラミング言語を使うことができません。なぜなら下っ端のあなたには、決定権がないからです。もちろん、「こういう技術が良いので使いたいです」と提案することはできますが、決定するのは社内のリーダー（テックリード）です。

こうした理由から、開発プロジェクトによって、使用するプログラミング言語が違うことが多いです。こうした経緯から、多種の開発案件を経験したエンジニアは、それに伴って、扱えるプログラミング言語が増えていきます。

もちろん、ひとつのプログラミング言語しか扱わず、そのプログラミング言語を使うプロジェクトにだけアサインされるエンジニアもいます。しかし、特定のプログラミング言語しか扱えないと、仕事の幅は、自ずと狭まります。

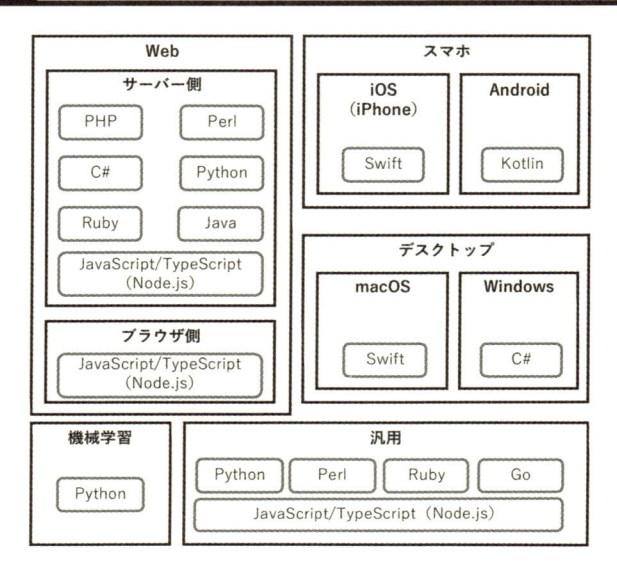

図5-9　主要なプログラミング言語と主な用途

コラム　競技プログラミングで鍛錬する

　開発プロジェクトで開発経験を積むと、おのずとさまざまなプログラミング言語が使えるようになりますが、そうしたプロジェクトに関わっていない人は、どうすればよいでしょうか？

　そういう人には、競技プログラミングをお勧めします。

　競技プログラミングとは、お題目が提示され、それを解決するプログラムを作る競技です。具体的なサービスとして、たとえば、「AtCoder（https://atcoder.jp/）」があります。

　作ったプログラムをアップロードすると実行され、OK/NGが自動で判定されます。競技なので順位が付くのですが、順位は、処理速度やメモリの使用量などに基づきます。

　競技プログラミングは、データ構造や基礎理論を問う問題が多いため、そうした基礎理論を習得したい人にも向いています。

　誰でも手軽に参加できるので、チャレンジしてみてください。

さまざまなプログラミング言語を効率良く理解するには

　いま説明したように、開発プロジェクトごとに使うプログラミング言語が異なるため、開発で生きていこうと思っているエンジニアであれば、複数のプログラミング言語を扱えることが理想です。

　とはいえ、ひとつのプログラミング言語ですら習得が難しいのに、どうやって、たくさん学習するのだろうか。そんな質問も、よく耳にします。

　確かにそうなのですが、実は、プログラミング言語は、どれも似たり寄ったりです。
　そもそもデータの加工をするのが目的ですから、データの表現や操作の方法は似ています。また、条件分岐や繰り返しなどの文法も似ています。

　ですから、ひとつのプログラミング言語を習得したあと、類似性に着目することで、さらに別のプログラミング言語を習得するのは、思うほど難しくありません。
　ただしここでも、**第3章**で説明した「○○ is 何で暗記しない」の話が活きてきます。
　「○○という命令は△△するもの」ではなくて、「△△したい、だから○○という命令を使う」と理解していなければ、別のプログラミング言語の習得が難しいです。

```
・データ操作
    ・数値、文字列、演算
    ・変数
    ・配列、ハッシュ（連想配列）
・条件分岐
・繰り返し
```

図5-10　プログラミングを構成する主要な要素

```
【C言語の例】
int counter;
for (counter = 1; counter <= 5; counter++) {
        printf("Iteration: %d¥n", counter);
}
```

```
【JavaScriptの例】
for (let counter = 1; counter <= 5; counter++) {
  console.log(`Iteration: ${counter}`);
}
```

```
【PHPの例】
for ($counter = 1; $counter <= 5; $counter++) {
  echo "Iteration: $counter¥n";
}
```

```
【Pythonの例】
for counter in range(1, 6):
  print(f"Iteration: {counter}")
```

```
【Rubyの例】
for counter in 1..5
 puts "Iteration: #{counter}"
end
```

図5-11　プログラミング言語は似ている（処理を5回繰り返す例）

コラム　Pythonは、たしなみ

　どのようなプログラミング言語を習得するのが良いのかは、開発プロジェクトによりますが、状況問わず、使えるようになっておくと有利なプログラミング言語があります。それはPythonです。

　Pythonは、短いプログラムでさまざまな実用的なことができるのが特長です。そのため習得すると、「手持ちのテキストのデータ変換」や「大量のデータのなかから該当のものを検索する」など、ちょっとしたデータ整理をするときに重宝します。

　またPythonは、とても多く普及しているため、最近では、実例がPythonのプログラムで書かれていることもあります。またChatGPTなどの生成AIでは、Pythonのプログラムを作らせて、それを実行する機能があるなど、何かとPythonのプログラムが、さまざまなところに登場します。

　Pythonのプログラムは、それを使って開発するというよりも、たしなみとして使えると便利、そんな考え方で習得すると良いでしょう。

プログラミング言語は雰囲気で使っている

いまはたくさんのプログラミング言語があるため、なかなか本気で、特定の言語に取り組めない時代です。

ですので、僕らプロであっても、全部に精通しているわけではなく、ある程度、雰囲気で使っている部分があります。

プログラムを作るときは、だいたい何かサンプルとなりそうなものがあって、それを改造して使うことが多いです。ですから、ある程度、知っていれば、雰囲気で使っても、なんとかなるものです。

とくに最近は、ChatGPT などの生成 AI でプログラムを作ることもできますし、エラーが出たプログラムを ChatGPT に直してもらうこともできます。

そのため、昔に比べて、プログラミング言語を使って、白紙からプログラムが書けるかを問われる場面は少ないです。既存のプログラムを改良したり、サンプルのプログラムを改良したりするなど、真似て書くことが圧倒的に多いです。

ですから、白紙からプログラムが書けないから自分は未熟だと、思わないでください。何かサンプルを見て、理解しながらプログラムを書ければ、それで充分、合格です！

大切なことは、自分が理解し、そのプログラムが、どのような処理をしているのかを責任を持って説明できることです。

受験勉強ではないので、サンプルを参照したり、生成 AI に作らせたりしてカンニングするのは、まったく問題ありません。

カンニングしたものを理解しているかどうか、そこが大きな分かれ目です。

5.3　プログラミング言語を習得するには

　このように習得しなければならないプログラミング言語は、おおよそ決まってくるのですが、では、どのようにして習得すればよいのでしょうか。

道筋と目標を定める

　習得にあたっては、まず、道筋と目標を定めます。

　プログラミング言語を習得する目的は、その言語を使ってプログラムを作ることができるようになることです。

　そこで、言語自体の学習から、それを使って実際に何か作る題材（演習問題）までをひととおり揃えるようにします。

　市販の書籍で、そうした構成の入門書を探したり、もしくは、その流れがひととおりカリキュラムとして揃っているスクールに行ったりして、どのように進めるかの道筋を決めましょう。

　プログラミング言語は、書き方だけを頭で理解してもなかなか習得できません。実際に作ってみないとわからないことがあります（だからこそ、ハンズオンなど、体験する実習があるのです）。

　ですから、この道筋のなかに、実際に作る課題を採り入れることは、とても大切です。

言語の話とOSやフレームワークの話を分けて理解する

　プログラミング言語を習得するときは、言語自体の話と、何か処理するためのOSやフレームワークの話を区別して理解しましょう。

　プログラミングは、何かやりたいことがあり、それをOSやフレームワークの機能で実現すること、つまり、OSやフレームワークに対して指示を出すことです。

・プログラミング言語自体には、基本的にデータを処理する機能しかありません。変数や条件分岐、繰り返しなどは、データを処理するための機能です。
・OSやフレームワークは、「関数」（Function）や「オブジェクト（Object）に備わるメソッド（Method）」、もしくは、「API」（Application Programming Interface）などの形で、指示を受け入れる窓口を用意しています。逆に、OSやフレームワークから、あなたに何か伝えるための窓口として「イベント」（Event）という仕組みを用意しています。

　これらは入力と出力に相当し、それぞれに決められた形式のデータを渡す（もしくはもらう）ような構造になっています。

　あなたは、この形式に合うようなデータを扱う処理を、プログラミング言語で書くのです。

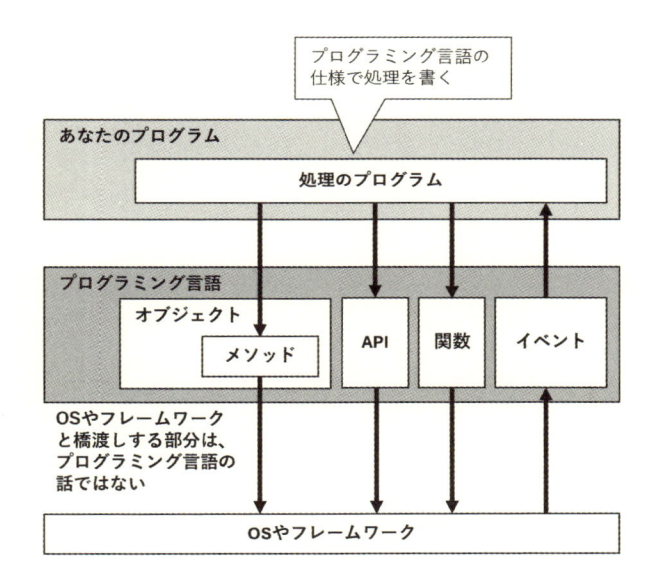

図5-12　OSやフレームワーク、APIとの関係

　図5-12からわかるように、OSやフレームワーク、APIの機能はプログラミング言語に依らず不変です。逆に、プログラミング言語の仕様は、OSやフレームワーク、APIが変わっても不変です。

　このように分けて理解すれば、習得したプログラミング言語を、他のOSやフレームワークなどでも活用できます。

　一体として理解してしまうと、他のOSやフレームワークを使おうとしたときに、「この機能がないぞ！？」と戸惑ってしまいます。

コラム　挫折しがちな学習環境の準備

プログラミングを学習するときに、挫折しがちなのが、学習環境の準備です。

　プログラムを入力するためのエディタや統合開発環境、プログラムを実行するための環境、Webシステムの開発であればWebサーバー環境など、さまざまな開発ソフト一式を準備しなければならないからです。

　最近では、「Docker」という仕組みで、まとめて準備できることもありますが、それでもたいへんです。

　もし、学習環境を準備するのがたいへんだけれども、少しだけプログラミングを経験してみたいということであれば、GoogleのColab (https://colab.research.google.com/) をお勧めします。

　これは、Pythonのプログラムをブラウザ上で編集したり実行したりできる環境です。Googleアカウントさえあれば、すぐに始められるので手軽です。

作って動くかどうかで理解度を測る

　学習を進めたら、プログラミングの理解度を測る必要もあるでしょう。
　それには、実際にプログラムを作ってみて、それが動くかどうかを確認します。

　ほかの分野と違って、「動くか」「動かないか」で測れるので明確です。
　学習というものは、一般に、理解度を測るために試験などで第三者に確認してもらう必要があります。しかし、ことプログラミングに限っては、作ったものを実行すれば自身で判定できるので、やる気さえあれば、他の分野に比べて、独習しやすい分野であるとも言えます。

コラム　オンラインのプログラミング学習サイトで学ぶ

　プログラミング言語は、適切なカリキュラムさえあれば自習できます。

　分野が限られますが、オンラインのプログラミング学習サイトで学ぶのも良いでしょう。

　Webのプログラミング関連では、たとえば、freeCodeCamp (https://www.freecodecamp.org/japanese/) や Codecademy (https://www.codecademy.com/) など、無料で学べるサイトがあります。

　こうしたオンラインの学習サイトでは、説明が表示されたあとに課題が表示され、実際に画面上で、その課題のプログラムを入力すると、正しいかどうかをすぐに確認できるため、「学ぶ→演習」の繰り返しで、効率良く学べます。

5.4 近年の技術動向

　近年の技術動向として、次のものが習得しておいたほうがよいものとして挙げられます。

正規表現

　正規表現(Regular Expression)とは、文字の並びを表現する手法のことです。
　入力された文字が特定の書式に合致しているかを調べたり、書式に従って、部分的に取り出したり、置換したりするときに使います。
　ユーザーの入力値が正しいかどうかを確認するときに、正規表現を使うことが多いです。たとえば、5文字以上、8文字以下の英数字であるかを確認したいときは、次のような正規表現と合致するかを調査します。

```
[a-zA-Z0-9]{5,8}
```

・「a-z」のような「-」の記号は、「その範囲に含まれるすべての文字」という意味です。つまり、「a-z」は「abcdefghijklmnopqrstuvwxyz」と書くのと同義です。

・「[」と「]」で囲まれた中身は、「これらのうちの1文字」という意味です。つまり「a-zA-Z0-9」は、「abc･･･略･･･xyzABC･･･略･･･XYZ0123456789」と同義です。

・「{」と「}」で囲んだものは、直前の文字が、指定した個数以上、個数以下続くことを意味します。つまり、この例では、「abc･･･略･･･xyzABC･･･略･･･XYZ0123456789」のいずれかの文字が「5文字以上、8文字以下続く」という意味です

　5文字以上、8文字以上の英数字かどうかを確認する場合、もちろん、1文字ずつ取り出して、それが英数字であるかどうかを繰り返し確認していく方法をとることもできます。そして、それは正規表現が登場する前まで、一般的な方法でした。
　しかし、正規表現を使えば、この「[a-zA-Z0-9]{5,8}」と合致するかどうかを確認するかどうかだけで済むため、プログラムが、とてもシンプルになります。

さまざまな場面で使われるので、正規表現は、是非、習得しておきたい技術です。

正規表現を使う場合

正規表現を書くだけ。
条件をあとで変えたいときも、
この書式を変えるだけ

```python
import re
str = "example"
if re.fullmatch(r'^[A-Za-z0-9]{5,8}$', str):
  print("満たしています")
```

正規表現を使わない場合

まず、5文字以上8文字以下
かをチェック

```python
if 5 <= len(s) <= 8:
  valid = True
  for c in str:
    if ('a' <= c <= 'z') or ('A' <= c <= 'Z') or
('0' <= c <= '9'):
      continue
    else:
      valid = False
      break
  if valid:
    print("満たしています")
```

1つずつ取り出してチェック
ていくので複雑
条件を変えるときは、こうし
たロジックを全部書き直さな
ければならない

図5-13　正規表現を使う方法と使わない方法（Pythonの例）

データベースとSQL

　ITシステムでは、大量のデータを扱うことが多いです。そしてそのデータをデータベースに保存することが多いです。

　こうした理由から、データベースについて学習しておくことをお勧めします。またデータベースは、SQLと呼ばれる言語で操作することがほとんどです。このSQLの基本についても知っておくと有利です。

インターネット技術

　ITシステムをインターネットに接続することが増えました。そのため、インターネットに関する知識もあるのが理想です。

　Webシステムを開発するのであれば、通信に使うHTTPや暗号化のHTTPS、それからhttps://example.jp/のようなURLでアクセスできるようにするための**ドメイン名**などを知っておくと良いです。

　ただしこれらは、インフラの領域に少し踏み込むので、概要だけで充分です。

技術キーワード	
ドメイン名	Domain name。インターネット上で使われる、サイト名やメールアドレスの一部として使われる文字のこと。example.jpやexample.comなど。

並列処理のプログラミング

　処理を高速化するため、並行処理のプログラム構成にすることが、近年、多いです。並行処理にすることで、何か処理待ちの間に別の処理を動かすことができるため、処理のトータル時間が短くなります。

　並列処理のプログラミング方法は、プログラミング言語によって異なります。習得が必須ではありませんが、並列処理についての知識があると、大規模な開発プロジェクトに、お声がかかりやすくなります。

5.5 エディタやチーム開発のためのツールの習得

　ところで開発では、さまざまなツールも使うため、各種ツールの使い方
も覚えなければなりません。

エディタなどの開発ツール

　プログラムを実際に書くには、エディタを使います。

　最近は、**Visual Studio Code** など、**統合開発ツール**と呼ばれる開発者ツー
ルが人気です。統合開発ツールは、プログラムを編集するだけでなく、記
述したプログラムを実行したり、動く状態に変換したり（ビルド）、サーバー
に転送して動く状態にしたり（デプロイ）する機能もあります。

技術キーワード	
Visual Studio Code	マイクロソフト社製の統合開発ツール。無償で利用できる。 https://azure.microsoft.com/ja-jp/products/visual-studio-code

　こうしたツールの使い方を最低限、知らないと、プログラムを書いて実
行することができないので、習得が必須です。

　習得内容は必要最低限で良いのですが、Visual Studio Code などの統合
開発ツールには、便利な活用法がいくつかあるので、それを知っているの
と知らないのとでは開発効率が、だいぶ違います。

　ですから、よく使うツールについては、そのツール上で時短するための
テクニックまで、習得しておくと有利です。

　ツールの使い方をわざわざ覚えるなんて馬鹿らしいかも思うかもしれま
せんが、プログラムは複数のファイルに分かれていて、それを一括編集す
るような操作も多いため、便利な操作を知っているかどうかで、作業効率
に大きな差が出ます。

メモ
わかりやすく言うと、Windowsのショートカットキーを、いくつ知ってい るかに似ているかもしれません。ショートカットキーを覚えなくてもマウス 操作で同じことができますが、迅速さが違います。これと同様に、Visual Studio Codeでも、よく行なう操作の基本的な手順を理解しておくと、時短に つながるというわけです。

チーム開発のためのツール

　最近は、チーム開発が前提なので、そうしたツールの使い方も習得する必要があります。

①Git

　開発者が記述するプログラムのことを「**コード**」と言いますが、そのコードを管理するためによく使われます。

　それぞれの開発者が作ったコードをアップロードし、誰がいつ変更したかという履歴を残し、また、複数人の変更をひとまとめにしたり、誰かが間違って上書きしないようにするための調整をしたりできます。

　Gitの使い方は少し難しいので、一度、書籍を読むなどして、しっかりと理解しておくことをお勧めします。

技術キーワード

Git	開発したプログラムを皆で共有し、管理する仕組みのひとつ。具体的なサービスとして、GitHubやGitLabがある。

②コラボレーションツール

　エンジニア同士の連絡には、チャットのような**コラボレーションツール**が使われます。具体的には、SlackやChatworkなどです。

　これは単なるメッセージツールなので、すぐに使えるようになりますし、わからなくても先輩が教えてくれるはずです。

技術キーワード

Slack	米国生まれのグループチャットツール。メンバー同士で連絡を取り合う。小規模であれば無償で使えることから採用している企業が多い。
Chatwork	日本生まれのグループチャットツール。使い方はSlackと同様。Slackと同じく小規模であれば無償で使える。Slackに比べてユーザーインターフェースがわかりやすいため、IT分野以外でもよく使われる。

③タスク管理ツール

　開発では、「やるべきことリスト」を作って、それを担当者に割り振るというやり方で仕事を進めていくことが多いです。そうした場面で使われるのが、**タスク管理ツール**です。

　具体的には、BacklogやRedmineなどが挙げられます。これらは、コメントを追加しながら担当者に割り振っていく単なるToDoリストのツールなので、すぐに使えるようになりますし、わからなくても先輩が教えてくれるはずです。

技術キーワード	
Backlog	ヌーラボ社が提供するプロジェクト管理ツール。
Redmine	オープンソースのプロジェクト管理ツール。

第**6**章

運用の心得

ITシステムを動かすには、サーバーやネットワーク機器などが必要です。こうした機器を調達して保守していくのが運用です。
この章では、運用を担当するにあたってのポイントについて解説します。

6.1　運用の基本

　運用では、サーバーやネットワーク機器など、ITシステムを動かすハードウェアを調達したり保守したりします。

　設計や開発と違い、実際のモノを扱います。モノなので設置や配線が必要ですし、故障もします。

開発した
プログラム

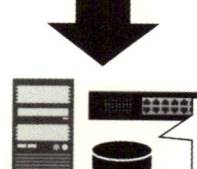

稼働するための機器を
調達・保守する

サーバーやネットワーク機器など

図6-1　モノを用意する

オンプレミスとクラウド

サーバーやネットワーク機器などを用意するには、**オンプレミス**と**クラウド**という2つのやり方があります。

技術キーワード

オンプレミス	on-premises。略してオンプレとも。サーバーやネットワーク機器などを自社で運営する形態。
データセンター	サーバーやネットワーク機器を配置する耐震構造のビル。停電になっても電気を供給できる無停電装置、高速なインターネット回線などが引き込まれている。
クラウド	cloud。クラウド事業者と契約し、管理ツールから操作して、必要なだけサーバーやネットワーク機器などを借りる形態。
AWS	Amazon Web Services社が提供するクラウド。
Azure	マイクロソフト社が提供するクラウド。
Google Cloud	Google社が提供するクラウド。

①オンプレミス

自社で準備する方法です。サーバーやネットワーク機器などを購入もしくはリース契約して、**データセンター**と呼ばれる場所に設置して運用します。

②クラウド

クラウド事業者と呼ばれる業者と契約して、ブラウザ画面などから操作して、必要な性能のサーバーやネットワーク機器を、必要な台数だけ借りるやり方です。

具体的なクラウド事業者としては、AWS、Azure、Google Cloudなどがあります。

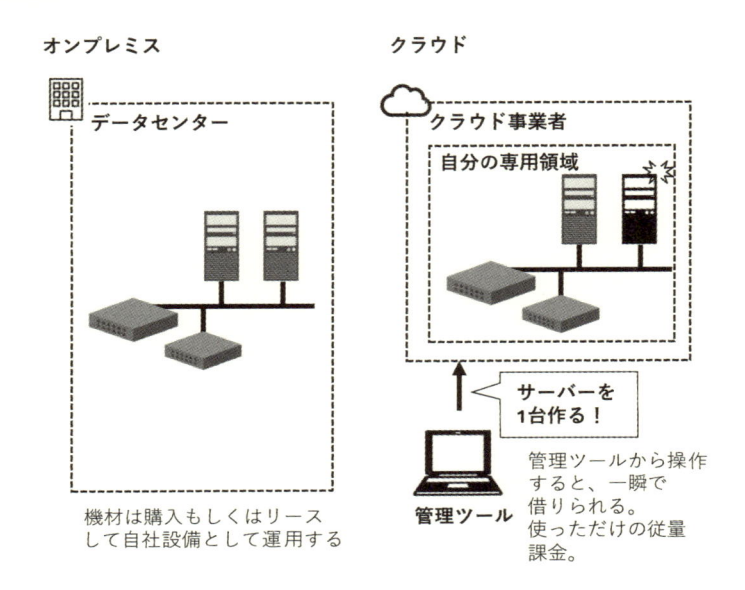

図6-2　オンプレミスとクラウド

　オンプレミスの場合は、機器を実際に用意するため、初期費用が大きく（数百万円の単位で）かかります。対してクラウドは、借りている時間に応じた従量課金なので、初期費用はかからず、ランニングコストのみかかります。

　クラウドはブラウザなどの操作画面から、好きなタイミングで機器を構成できるため、柔軟性があります。

　たとえば、今から10分後にサーバーの台数を増やすこともできますし、月末だけサーバーを借りることなどもできます。利用者の増加に伴い、サーバーのスペックを向上することもできます。

　このように述べると、クラウドはメリットが多そうですが、デメリットもあります。

　ひとつはコスト。初期費用はかかりませんが、ランニングコストが高めです。そのため長期にわたって使用する場合は、オンプレミスに比べて割高です。

もうひとつは自由度。クラウドの運用はクラウド事業者に任せているため、特殊な構成変更ができません。また、障害が発生したときも、すぐに立ち入って対策することはできません。クラウド事業者が復旧してくれるまで、待つほかありません。

	オンプレミス	クラウド
初期費用	高い	ほぼなし
ランニングコスト	低い	高い
スペックの変更	難	易
台数の変更	難	易

図6-3　オンプレミスとクラウドとの比較

オンプレミスにするのかクラウドにするのかは、目的に応じて決めます。クラウドは手軽であることから、最近は、クラウドが人気です。

モノには物理限界がある

運用で注目したいのは、モノには物理的な限界があるということです。
ネットワークの回線速度を上回る速度で通信することはできませんし、サーバーが処理できる性能にも上限があります。そして物理的なモノなので、故障もします。
こうした物理的な限界を前提に、運用していくことが大切です。

メモ

クラウドは壊れにくいですが、それでも壊れることがあります。オンプレミスだから壊れるというわけではなくて、これはどんな設備でもモノを使う以上同じです。
ただしクラウドの場合は、故障したときには、クラウド事業者がうまく内部で代替のものに置き換えてくれるため、故障しても、それに私たちが気づくことは少ないです。とはいえ希に復旧できず、一時的に使えなくなったり、最悪の場合、本当に壊れてしまうこともあります。

6.2 モノであることを考慮した設計

いま述べた、「モノには物理限界がある」という話は、運用を考える上で、とても重要です。

必要な性能値は、かけ算で求める

サーバーやネットワーク機器などは、ITシステムを動かすのに充分な性能のものを用意しなければなりません。

性能が高いとコストがかかる一方で、性能が低ければ充分な速度で動きません。そのバランスが重要です。

充分な性能がどの程度なのかは、過去の実績や理論的な計算から求めます。過去の実績については経験を積まなければ会得できないので、「経験を積んでください」としか言いようがありません。

しかし一方で、理論的な計算については、アドバイスできます。

理論的な計算と言っても難しいことはなく、「1ユーザー当たりどれだけ必要で、どれだけアクセスするから、総計でどれだけ必要」という、「かけ算」をするだけです。

たとえば、ネットワークに必要な通信量(帯域)は、次のように計算できます。

> 必要な通信量(帯域)＝1ユーザーに必要な通信量(帯域)×同時アクセス人数

当たり前ですね。

問題は、「1ユーザーに必要な通信量(帯域)」と「同時アクセス人数」を、どのように見積もるかです。

① 1ユーザーに必要な通信量（帯域）

　まず、「1ユーザーに必要な通信量（帯域）」ですが、これは実測で求めます。つまり実際にアクセスして、主要な操作をして、どれだけのデータが流れているのかを計測します。この計測値に少し余裕を持たせた値を採用します。

② 同時アクセス数

　次に、「同時アクセス人数」ですが、これは「決め」の問題です。100人アクセスするシステムなら100人ですし、1000人アクセスするシステムなら1000人です。

　社内で使うITシステムなら、従業員数がおそらく同時アクセスの最大値ですが、その最大値のうち、何割を想定値とするのかは、ITシステムの用途によって異なります。

　たとえば勤務管理システムなら、出勤や退勤時に皆がアクセスして刻印するので、その時間帯は全従業員数の7～9割の同時アクセスが発生する可能性があります。

　しかし人事管理システムなら、おそらく常時使うのは人事部だけで、それ以外の部署がときどき使うぐらい程度でしょう。同時アクセス数は、1割程度、もしくは、それ以下と見込めます。

　このように見込みから同時アクセス数を想定します。

　問題はインターネット向けのサービスです。「インターネット向けだから、同時にどれだけアクセスするかわからない」というのは、よく聞く話です。しかしそれでも、サーバーやネットワーク機器に必要な性能を算出するために、想定を決めなければなりません。

　「同時にどれだけアクセスするかわからない」といっても、実は、競合他社のサービスへのアクセス状況や統計情報などから想定できます。

　たとえば広告を付けているインターネットのサービスは、広告主のために「PV」（ページビュー）を公開していることが多いです。こうしたPVは、「あの会社が、そのPVだったら、うちは、その半分もあれば御の字かな」というように、アクセス数を想定するのに参考になります。

　必要な性能は、このようにして、理詰めで決めていきます。

　少人数でしか使わないITシステムなら、「だいたいこんなもんで大丈夫でしょう」と大雑把に決めることもできますが、そうでないなら、きちんと理論に基づいて設計しなければなりません。

技術キーワード	
PV	Page View。Webのページが開かれた回数のこと。

冗長化

　サーバーやネットワーク機器などは物理的な機器なので、いつかは故障します。

　そのため、複数台で構成して、どれかが停止しても、全体が止まらないようにすることが多いです。こうした一部が停止しても、全体が停止しないようにする構成のことを「**冗長化**」と言います。

　同じものを2つ構成すれば、単純にコストは2倍になりますが、24時間365日稼働し続けるITシステムを運用するには必須です。

技術キーワード	
冗長化	システムの一部に障害が発生した場合でも、全体の機能を維持できるよう、予備の設備を用意して運用すること。

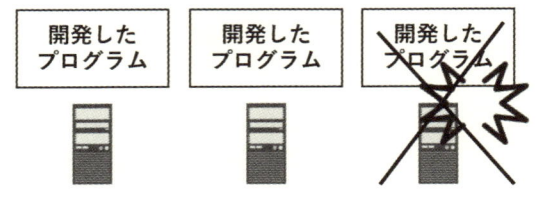

同じ構成のものを複数用意し、そのうちの1台が
停止しても、全体として停止しないようにする。

図6-4　冗長化

　サーバーやネットワークを構成するときには、冗長化を考慮し、どこか一カ所が停止すると、全体が停止してしまう場所を作らないことが大切です。そうした停止ポイントは、**単一障害点**と言います。

　単一障害点をなくすことが理想ですが、現実的には完全に排除するのは難しく、リスクとコストの兼ね合いで調整します。

技術キーワード	
単一障害点	SPOF（Single Point of Failure）。冗長化されておらず、そこが何らかの理由で停止すると、システム全体が停止してしまう箇所のこと。

負荷テスト

　机上で試算して設計するものの、実際にその負荷に耐えられるのかを確認してみないことには、対応しきれるかどうかわかりません。

　また高負荷になると、不安定になったり、障害を起こしたりすることも多いです。

　たとえば、開発したITシステムに同時にアクセスしたときの処理に不具合があっても、負荷が少ない状態では、その不具合が露見しにくいです。なぜなら、同時アクセスが、そもそも起きないからです。

　こうした不具合を抱えたITシステムが高負荷になると、この不具合が露見し、たとえば、誤ってデータを上書きしてしまうなどの挙動が起きることがあります。

　こうしたことが起きないよう、「充分に注意してITシステムをプログラミングする」と言ったところで、注意だけで不具合をなくすのは無理です。

　ですから本番稼働前には、想定される負荷をかけて、正しく動作するかを確認することが大切です。

　その確認をする工程が、**負荷テスト**です。

　負荷テストでは、負荷テストの専用ツールを使って、同時に何百、何千ものアクセスを擬似的に作って、負荷をかけます。

　機能単位で負荷をかけることもありますが、ユーザーが一般的に行なう一連の操作を自動化したスクリプト（小さなプログラムのこと）を実行して、

本物の多数のユーザーが操作しているように見せかけることもあります。
　負荷テストでは、開発担当者と運用担当者の両方が立ち会います。

> ・開発担当者はITシステムの動きの観点から異常がないか――エラー情報が出力
>   されていないか、データの整合性が保たれているか――などを確認します。
> ・運用担当者は、CPUやメモリ、ディスク、ネットワーク通信量などの項目を監
>   視し、それらが飽和状態に近くないかなどを確認します。

　利用者が数十人程度のITシステムならともかく、数百人や数千人の単
位になってくると、負荷テストは必須です。

　なお、負荷テストでは、同時アクセス数だけでなく、データ量にも配慮
します。
　扱うデータも、それなりのものをあらかじめデータベースに入れておく
などしないと正確に負荷がわからないので、本物の環境に近い状態で実施
することが大切です。

6.3 監視や保守

「インフラは生き物だ」と、よく言われます。

ユーザーがふつうにアクセスしてくるだけでなく、誰かが侵入しようと試みていたり、アクセスが殺到して性能が落ちて利用できなくなったりするなど、さまざまなトラブルが発生し、しかもその状況は刻々と変わるからです。

そのため、監視や保守が不可欠です。

技術キーワード	
監視	あらかじめ計測すべき項目を決め、その値を記録すること。警告対象とする閾値を設定しておくことで、その閾値を超えたらメールなどで通知することもできる。

開発部隊と連携する

さまざまな監視ツールがあるので、それを使って監視するのですが、「どの項目を監視するのか」は、私たちが決めなければなりません。

負荷に関する項目——具体的にはサーバーの負荷やディスクの残量、ネットワークの帯域など——は、監視項目として設定すべき、代表的な基本項目です。

それ以外にも、問題の発生を記録したり、問題が起きていないかどうかを監視したりするために、ITシステムのエラーなどを拾う必要があります。

たとえば、「注文受け付けの送信メールの送信に失敗した」とか「クレジットカード決済に何度も失敗している」というようなエラーが発生したとき、1人や2人なら、たまたまかもしれません。しかし何十、何百もの似たエラーが発生しているのなら、もしかすると致命的で、ITシステム上でトラブルが発生する前触れかもしれません（もしくはすでに発生している可能性もあります）。

「送信メールの失敗」や「決済失敗」などのエラーはITシステムごとに異なるので、開発部隊と連動して、「どのようなエラーを拾ってほしいのか」をヒアリングし、監視項目として追加します。

ITシステムは、特定の場所に「**ログ(log)**」と呼ばれる、「誰が何をしたか」や「警告」「エラー」などを出力することがほとんどです。

　監視では、ログにどういう文字が含まれていたら警告として扱うなどの運用を、開発部隊と運用部隊で調整しておきます。

　開発部隊は、それに従ってログを出力するようにシステムを作ることで、運用部隊が、システムの異常事態をつかめるようになります。

情報共有のための設定資料、復旧マニュアルを用意する

　ITシステムは24時間365日、稼働し続けますが、私たちは24時間365日働き続けられません。

　ですから交代で、ITシステムの運用をしていくことになります。ときにはITシステムの運用を、運用を専門とする外部の企業にアウトソーシングすることもあります。

技術キーワード	
24時間365日	無停止で動かすことを示す用語。「ニーヨンサンロクゴ」とも呼ばれる。

　そうしたときに必要なのが、設定資料と復旧マニュアルです。

　これらの資料をとりまとめておくことで、誰でも対応できるようになります。逆に、こうした資料がなければ、技術力のあるエンジニアであっても、対応に時間がかかる、もしくは、操作によって別の影響が出る可能性があるから手出しできないということに、なりかねません。

　運用をひとりで行なうのは事実上無理なので、チーム内での情報共有が、とても大切です。きちんとドキュメントを作っておかないと、障害のたびに、あなたが呼び出されることになるでしょう。

計画的なアップデート

　運用では、アップデートについての検討も必要です。

　皆さん、適宜、Windows Updateなどを適用しているかと思いますが、それと同様に、サーバーでもソフトウェアの更新が必要です。

　更新内容によっては、更新中はサーバーが利用できなくなったり、更新後に再起動が必要だったりすることもあるので、更新計画を立てることは大切です。

　また、更新によってITシステムが動かなくなってしまう恐れもあるので、事前に別の環境で確認したり、バックアップをとって戻せるようにしたりするなどの対策も必要です。

　そしてサーバーやネットワークは、物理的な機械なので、経年劣化します。リース契約の期間の都合で、5年程度でリプレースするのが慣例です。

　リプレースでは、いつどのようにリプレースするのかを定めた**リプレース計画**を立てることが大切です。

　リプレース当日にITシステムを停止するなら、その時間帯を関係部署と調整します。無停止で移行するなら、ある程度、旧環境と新環境を並行稼働し、タイミングを決めてデータをコピーするなどして移行する計画を立てます。

6.4　コストとのバランス

　運用は技術的なことだけでなく、設置や運用、リプレースなどもあるため、IT部門以外の部署との折衝も必要です。

　とくにコストについてはシビアで、コストダウンを求められるケースも多く、技術の善し悪しだけで、新しい技術の導入を決められません。予算内に収めるように考えるのも、求められるスキルです。

6.5　クラウド時代の考え方

　さてさて、時代はクラウドであるため、いまでは、クラウドの知識は必須とも言えます。

　クラウドについては、よく、セミナーの懇親会などで、質問を受けることがあります。

クラウドは何を知ればよいのか

　まずひとつめは、オンプレミスの経験者によるもの。

　これからクラウドの時代なので、クラウドについて習得しなければならないのだが、何を習得しなければならないのかという質問です。

　これに対する回答は、以下の通りです。

①サーバーやネットワークを構築したら、あとは同じ

　まずは基本的な話として、クラウドというのは、管理画面から操作してサーバーやネットワークを構築できるというだけの話で、構築したあとのサーバーにソフトをインストールしたり、それを監視したり保守したりする方法は、オンプレミスと大きく変わることはないという点です。

　つまり、クラウドの操作方法さえ理解すれば、いままでと同じように使えます。

②クラウドネイティブな考え方を身に付ける

　しかし①は「使える」だけであって、ベストな方法ではありません。クラウドは、クラウドらしく使ってこそ、旨みがあります。

　クラウドの最大の特長は、サーバーをいくらでも簡単に作れることです。オンプレミスのときには考えられなかった贅沢ができます。

　たとえばサーバーをアップデートする場合、オンプレミスでは、事前に入念な確認をし、アップデート当日はサーバーを停止して、注意深く、稼働中のサーバーをアップデートしていくのが通例です。

　対してクラウドの場合は、そこまで丁寧に考える必要はなく、いま稼働中のサーバーを、そのままコピー、コピーしたものにアップデートを適用、うまく動けば終わりです。もし、うまく動かなかったら、コピー前に戻せば良いです。

　クラウドにおいては、サーバーを作ったり消したりするのは簡単です。また、本書では詳しく説明しませんが、クラウドには、クラウド事業者によってサーバーが運用されており、僕らがメンテナンスする必要がない「**マネージドサービス**」という種類の機能もあります。

　こうしたクラウドらしい機能を使うことで、そのメリットを最大限に活かせます。

　クラウドらしい考え方は、「**クラウドネイティブ**」としてとりまとめられています。

技術キーワード

マネージドサービス	managed service。クラウド事業者に管理（manage）されているサービス。データベースやストレージなどが代表的。管理されていないもの（私たちが運用保守しなければならないもの）は、アンマネージドサービス（unmanaged service）と言う。
クラウドネイティブ	CNCF（Cloud Native Computing Foundation）というクラウドを推進する業界団体が提唱する、クラウドらしいシステム構成の考え方。 https://github.com/cncf/toc/blob/main/DEFINITION.md

クラウドネイティブを構成する技術は、マイクロサービス、コンテナ化、自動化、CI/CD などが中心ですが、技術の話よりも、サーバーを修理・更新するのではなく、交換するという考え方をする「**不変インフラストラクチャ（Immutable Infrastructure）の原則**」を理解することが重要です。

技術キーワード

マイクロサービス	単一機能をもつ独立した小さなサービスを組み合わせて作る設計パターン。
コンテナ化	コンテナという技術を使って、IT システムを構成するプログラムやライブラリ、フレームワークなど必要なもの一式をひとまとめにして隔離して実行する技術。具体的には、Docker や Kubernetes など。
CI/CD	Continuous Integration/Continuous Delivery。日本語では、継続的インテグレーション、継続的デリバリー。コード変更を自動的にビルド、テスト、デプロイするプロセス。CI はコードの変更を頻繁に統合・検証し、CD はそれを本番環境へ迅速かつ安全にリリースする仕組みを提供する。

不変という言葉はわかりにくいのですが、「環境の一貫性」とも言い換えられます。

サーバーを修理・更新する従来の方法では、手を加え続けるため、何か問題があったときに、それらの工程のうちの、どれが問題となったのかの原因が掴みにくいです。

それに対して、クラウドネイティブの考え方では、都度、新しいサーバーを構築し、それ自体を変更しません。そうすることで、サーバーは構築した状態のまま変わらないので（これが「不変」の意味です）、何か問題が起きても、動かなくなった理由を調査する時間を節約できます。

ステートレス設計

クラウドネイティブな考え方では、サーバーを交換するため、サーバーのなかに状態を保存しないように設計することが重要です。

状態とはステート（state）とも呼ばれ、ユーザーのデータやアプリケーションのデータなど、消えてはいけない永続的なデータのことです。サーバーを交換するのですから、サーバーのなかにこれらのデータが入っていたら、そのデータはなくなってしまいます。

クラウドネイティブな考え方では、こうしたデータをサーバーのなかには持たず、データベースやオブジェクトストレージ（共有ファイル置き場）

などを使って、別のところに保存します。こうした考え方で設計するのが、ステートレスな設計です。

　ステートレスな設計は、IT システムの構造に依るものなので、設計部隊、開発部隊、運用部隊が調整して行なう必要があります。
　もともとステートレスな設計になっていないものを、運用部隊だけで工夫してなんとかなるものではありません。

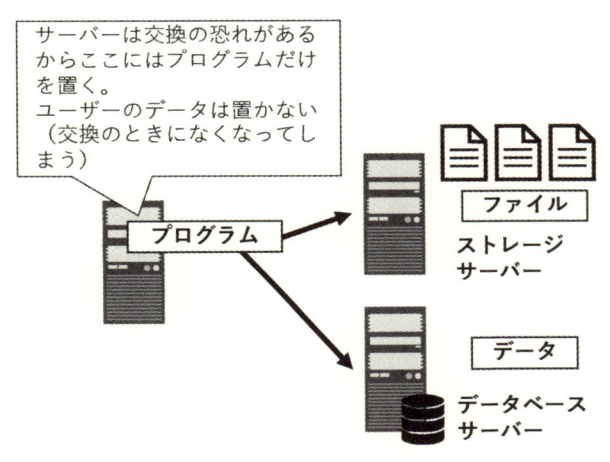

ストレージサーバーやデータベースサーバーを
もし置き換えるときは、バックアップをとったうえで実施するが
クラウドの場合、クラウド事業者が保守・更新を担当するマネージ
ドサービスを使うことが多く、私たちが保守・更新に関与すること
は少ない。

図6-5　ステートレス設計

クラウド時代にオンプレミスの知識は必要か

　次の話題は、クラウドは知っているけれども、オンプレミスも勉強したほうがよいかというもの。

　クラウドの時代になった後に運用担当エンジニアになった人から、よく聞く質問です。

> 　「クラウドを使って設定などはできるのですが、いまいち自分が何をしているのかわかっていません。
> 　改めて、オンプレミスについて勉強したほうがよいでしょうか。」

　なまじクラウドという、簡単な操作でサーバーやネットワークを構築できる方法が登場したあとに、この業界に入ったがゆえの贅沢な悩みである気もします。

　確かにクラウドであれば、よくわからなくても、ウィザードで進めたり、設定例をコピペしたりすれば、それっぽいものが作れます。それゆえ、そこが、自信がなくなってしまう理由なのでしょう。

　答えを言うと、おそらくオンプレミスを経験したとしても、この自信のなさは解決しないと思います。

　おそらく学習すべきは、ネットワークの規格であるTCP/IPの基本的な仕組みです。

　オンプレミスを学習するのも良いですが、むしろ、サーバーとネットワークの基礎知識を習得し、それとクラウドでの設定の意味を対比するほうが、効果的だと思います。

6.6　ベンダーと仲良くなる

　さて最後になりますが、サーバーやネットワーク機器、監視ツールなどは、エンタープライズ向けの高額な製品であることもあり、情報が少ないです。

　たとえば、書店でサーバー製品やネットワーク機器製品などに関する書物を探しても、ごくわずかしか見つかりません。

　ですから、運用の担当エンジニアは、展示会に行ったり、ベンダーが主催するセミナーに行ったりして、ベンダーと仲良くなることをお勧めします。

　運用や保守に関する情報を、書物で習得するのは難しいです。

第7章
エンジニアのキャリアパス

ここまで、さまざまな技術の習得方法について説明してきました。
最後の章では、エンジニアのキャリアパスについて、簡単にお話
します。

7.1 チーム開発とプロジェクト

現在のITシステム開発は、チームで協力して進めることが前提です。

ITシステムを構築するプロジェクトが何かあり、そのメンバーのひとり
として、プロジェクトを遂行します。プロジェクトでの役割は、設計だっ
たり、開発だったり、運用だったりします。

こうしたチーム開発において、エンジニアのキャリアパスは、どのよう
なものが考えられるかというのが、この章の話題です。

チームで開発する

図7-1 チームとしてプロジェクトを遂行する

リーダーとしての道

プロジェクトにおいて経験を重ねると、やがては設計や開発、運用の各
分野で、リーダーの役割を担うことが増えてきます。

リーダーには、技術面だけでなく、組織を横断する調整力や戦略的な判
断が求められます。

具体的には、他部署との連携を図りながら、プロジェクト全体を俯瞰す
る視点を持つことが重要です。タスクを細分化し、各メンバーの強みを最

大限に活かすための割り当てや、進捗管理、問題発生時の迅速な対策など、多岐にわたる役割を担うため、常に全体を見渡す能力が必要となります。

　また、リーダーシップは技術的なスキルだけでなく、ヒューマンスキルや意思決定の速さ、そして柔軟性も問われるため、日々の業務で意識的に磨いていくことが大切です。

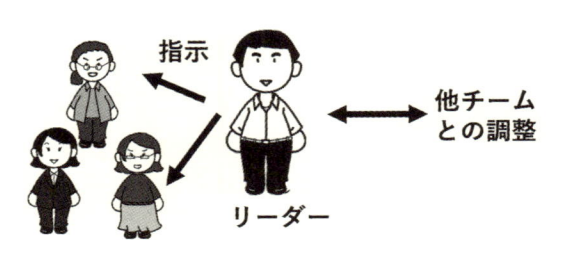

図7-2　リーダーとしての道

プロジェクトマネージャとしての道

　リーダーになってしばらくすると、**プロジェクトマネージャ（PM）**への道が見えてきます。

　プロジェクトマネージャは、技術面だけでなくプロジェクト全体を統括する役割です。スケジュール管理やリスク管理、予算調整、チーム間の調整など、多岐に渡る責任を担います。

　プロジェクトマネージャの大きな役割は、スケジュール管理と部署間の調整で、技術的なところからは少し遠のきます。ですから、本来なら、マネジメントが得意な人が担当すべきです。

　しかしITシステムの全体像がわかっていないと遂行できないため、リーダーとして成長した人の一部が、プロジェクトマネージャになっていくというパターンが多いです。

技術キーワード	
プロジェクト マネージャ	Project Manager。略してPM。プロジェクトの責任者。

図7-3　プロジェクトマネージャとしての道

7.2 専門家として進む

　リーダーになったあと、プロジェクトマネージャとして進む人もいますが、マネジメントが好きでない人は、それぞれが専門家としての道を進むことが多いです。

設計を極める

　設計を極めたいなら、さまざまな設計パターンを知りましょう。

　アーキテクチャパターンと呼ばれ、MVC、マイクロサービス、イベント駆動など、さまざまなパターンがあります。最近では、クラウドのサービスを組み合わせてシステムを作ることも多いので、そうした分野にも視野を広げるのが良いです。クラウドにも、いくつかの代表的な設計パターンがあります。

　パターンを知ることは、先人の知恵を活用し、短時間でうまい設計をする秘訣です。なんでもかんでも知っているパターンに押し詰めればよいわけではなく、そのまま活用できるわけでもありませんが、パターンを知ることは、設計のヒントを得るのと同じであり、時短につながるのは間違いありません。

　また典型的なパターンは、他の設計者や開発者も知っていることが多いので、そうしたパターンを使って設計すると、意思疎通もしやすいです。

技術キーワード	
設計パターン	さまざまな場面で使える設計のパターン。アーキテクチャパターンとも言う。
MVC	データを表現する Model、データの見え方を定義する View、データ操作をする Controller を組み合わせた設計パターン。
イベント駆動	何か出来事が発生した事象（イベント）に基づき、処理を実行していく設計パターン。

開発を極める

　開発を極めたいなら、プログラムを書くこともそうですが、誰かが書いたプログラムを読むこともお勧めします。

　最近はチーム開発なので、他人が書いたプログラムを見る機会も多く、そうした経験は開発力を向上させます。

　案件に応じたプログラミング言語を習得しなければならないのはもちろんですが、それよりも、やりたい処理は何なのかを明確に整理できる能力、言い換えると、どんなデータで表現して、どんな加工をしたいのかを考えられる能力を鍛えるようにしましょう。

　正直、いまは、ChatGPT などの生成 AI がある時代です。「これこれこういうプログラムを作って」と具体的に言うことができれば、そのプログラムは、出来上がってきます。

　「これこれこういうプログラムを作って」というところを、具体的に日本語でよいので表現できるかどうか。これが開発力というものです。

　「こういう処理ができればプログラムは完成なんだけど、その方法がわからない」は、ChatGPT が解決してくれます。

　一方、「どういう処理をすれば実現できるのかわからない」は、ChatGPT が解決してくれません。

　また可視性が良く、メンテナンス性の高い、「キレイなプログラム」を書くように努めるのも重要です。

　しかし、キレイなプログラムを求めるのは、ほどほどにしましょう。

　私たちの目的は設計通りに動作するプログラムを作ることであり、キレ

イなプログラムを書くことではありません。まずは、「動くプログラム」が作れることを目指しましょう。

自在にプログラムが書けないのに、このコードはキレイとか汚いとか、保守性が悪いとか言うのはナンセンスです。

はっきり言いますが、ITシステムを使うお客さんは、そのプログラムの構造がどうなっていても気にしません。

もちろん、可視性が良く、メンテナンス性の高いプログラムは、その後、改修したり保守したりするときには有利です。しかし、どうせ開発したものなんて、10年ぐらいしか使わないので、そこそこで充分です。

僕らエンジニアは研究者ではないので、泥臭く嫌なプログラムを作ることだって、たくさんあります。

運用を極める

運用を極めたいなら、大規模なITシステムを経験すること。これに尽きます。

大規模なITシステムは、扱うデータも大量ですし、アクセス数も多い。少しの処理の遅延やエラーも許されない、そんな環境です。一度、そうした運用を経験すれば、身につくことは、とても多いです。

運用系の情報は、あまりドキュメントとして公開されていないことも多く、そういうプロジェクトにアサインされないと、なかなか経験できません。もし経験する機会があれば、是非、積極的に参加することをお勧めします。

実務的な技術の習得という点で言うと、もういまはクラウドの時代なので、クラウド技術の習得は欠かせません。

またTCP/IPをはじめとした、基礎的なネットワーク技術についても、知らなければはじまりません。

運用系は、設計や開発に比べて、資格試験が充実しているのも特長です。

試験を受ければ自分の実力がわかるのもそうですが、試験勉強を通じて、順を追ってひとつずつ必要な技術を身に付けられます。

設計や開発を目指す人でも、ネットワーク系の知識を身に付けることは損にならないので、余力があればお勧めします。

7.3　フルスタックエンジニアへの道

　昨今のIT業界では、「フルスタックエンジニア」（full stack：全層という意味）という言葉をよく耳にします。これは、フロントエンド、バックエンド、データベース、そしてインフラまで幅広く対応できるエンジニアのことを指します。

> ・フロントエンド　ユーザーが直接触れる画面部分の開発
> ・バックエンド　サーバー側のロジックやAPIの開発
> ・データベース　データの保存や取得に関わる設計と実装
> ・インフラ　サーバーやネットワークなどの基盤環境の構築と運用

　フルスタックエンジニアは、これらのすべての分野について、最高レベルの専門性が求められるわけではありません。

　むしろ、それぞれの領域の実用レベルの深い知識を持ち、必要に応じて適切な技術を選択・実装できることのほうが、重要視されます。

フルスタックエンジニアが求められる理由

　フルスタックエンジニアは、さまざまな場面で、重宝されます。

　まず評価されるのが、技術力の高さです。全領域を知っているため、より良い設計判断ができます。そしてさまざまな技術領域に対応できるので、トラブルが発生したときにも強いです。

　小規模チームなど、少人数のチームでは、多彩なスキルがあるフルスタックエンジニアが好まれます。

　特定の技術に依存せず、さまざまな業務に対応できるフルスタックエンジニアは、キャリアアップにも有利です。

フルスタックエンジニアになるには

　フルスタックエンジニアは魅力的ですが、すべての領域で深い専門知識をもつことは現実的に難しいため、得意分野と基礎知識のバランスが重要です。

　技術は進化が早いため、常に学び続ける必要があります。そして範囲が広いため、すべてを深く理解するのではなく、必要に応じて掘り下げていくやり方をしなければ、習得の時間が足りません。

　そのため多くのフルスタックエンジニアは、フルスタックエンジニアを目指してなったのではなく、さまざまな領域の経験を積んで、結果としてフルスタックエンジニアになった人が多いです。

　フルスタックエンジニアを目指すのであれば、たとえば、次のようなステップでスキルを広げていくとよいでしょう。

①土台となる分野を選ぶ

　まずは設計、開発、運用のどれかを中心に据えて深く学びます。
　すべてを同時に学ぼうとするよりも、得意分野を持ちつつ広げていくアプローチの方が効果的です。

②隣接する技術領域へ徐々に拡大する

　得意分野から隣接する技術領域へと少しずつ範囲を広げていきます。
　たとえばバックエンド開発者であれば、まずはデータベース設計へ、その後フロントエンドへと進むことができます。

③実際のプロジェクトで経験を積む

　書籍やチュートリアルだけでなく、実際のプロジェクトで経験を積むことが重要です。
　個人開発や社内の小規模プロジェクトから始めてみるのも良いでしょう。

④チームでの役割を徐々に広げる

　チーム内で自分の担当領域を少しずつ拡大していきます。
　「今回はこの部分も担当してみたい」と積極的に手を挙げることで、経験の幅を広げることができます。

⑤継続的な学習の習慣を作る

　技術の進化に合わせて学び続ける習慣を作ります。
　特定の技術に固執せず、新しい技術のコンセプトを理解する力を養うことが大切です。
　フルスタックエンジニアを目指すことは、スキルの幅を広げるという意味で価値のある挑戦です。

　ただし、すべての分野のエキスパートになることよりも、システム全体を理解し、適材適所で技術を活用できるジェネラリストとしての価値を見出すことが大切です。

コラム　DevOpsエンジニア

　開発と運用の両分野を目指すなら、DevOpsエンジニアという選択肢もあります。

　DevOpsとは、Development（開発）とOperations（運用）を融合させた考え方で、開発チームと運用チームの間の壁を取り払い、より効率的なソフトウェア開発と運用を実現することを目指しています。

　DevOpsエンジニアは、主に次の業務を担当します。

- ・CI/CD（継続的インテグレーション / 継続的デリバリー）の環境構築と改善
- ・自動化ツールの導入と運用
- ・インフラのコード化(Infrastructure as Code)の推進
- ・監視と運用の効率化

　DevOpsエンジニアは、開発と運用の両方の知識を持ち、それらを橋渡しする役割を担います。

　そのため、プログラミングスキルとインフラ知識の両方が求められます。

　DevOpsエンジニアを目指すなら、まずは開発か運用のどちらかの経験を積んだ上で、もう一方の領域について学んでいく方法が現実的です。

　たとえば、あなたが開発者なら、インフラやCI/CDについて学びます。あなたが運用担当者なら、スクリプト言語やバージョン管理システムなどの開発ツールについて学びます。そうすることで、DevOpsの実践に必要なスキルセットを徐々に身につけていくことができます。

　なお、DevOpsは単なる役職やスキルセットではなく、チーム全体で共有される文化でもあります。

　個人のスキルアップだけでなく、組織全体でDevOpsの考え方を取り入れることで、その真価を発揮します。

7.4 真似て実力を上げる

　資格試験の話が出てきましたが、実は、エンジニアは、自分の力がどのぐらいなのかが、わかりにくい職種です。

　運用系であれば、資格試験が充実しているので、それとなく判断できるのですが、設計や開発だと実力を示す、明確な方法がありません。

　これは筆者の独断となりますが、おそらく実力は、次のような段階で測れると思います。

①理解できる

　設計書やプログラムを読んで、理解できる。

②修正できる

　設計書やプログラムを渡されて、穴が空いている部分などを部分的に補足したり、機能を修正したりできる。

③一部の機能が作れる

　機能の一部の設計書を作ったり、プログラムを書いたりできる。

④調べながら新規に作れる

　さまざまな資料を調べながら、新規に設計書やプログラムを作れる

　アシスタントとしての役割としては、②や③までできれば充分です。

　ここから一人前になるため、④に飛躍するのが難しいですが、ポイントは「真似」です。

　ITシステムでは、そんな目新しいものは作りません。ですから、うまく模倣できれば、おそらく、それはクリアできます。

　模倣できないのは、①でしっかり理解できていないか、インターネットなどで検索するときの調査能力がないかだと思います。

7.5　目標の設定と学習計画

　技術を身につけるには、闇雲に勉強するよりも、明確な目標と計画を立てて取り組むことが効果的です。

　ここでは、ITエンジニアとして成長するための学習計画の立て方と、継続するためのコツについて解説します。

目標を立てる

　まずは、目標を立てましょう。目標を立てる際は、SMART原則に基づくと効果的です。

　SMART原則とは、以下の要素を満たす目標設定の方法です。

・Specific（具体的）

　「プログラミングを勉強する」ではなく「PHPでショッピングサイトを作る」など具体的にする。

・Measurable（測定可能）

　達成度を客観的に評価できるようにする。

・Achievable（達成可能）

　現実的に達成できるレベルに設定する。

・Relevant（関連性）

　自分のキャリアプランと関連のある目標にする。

・Time-bound（期限付き）

　「3ヶ月後までに」など、期限を設定する。

　たとえば、「1年後にWebシステムの開発者になる」という大きな目標を掲げるなら、以下のように分解できます。

・〜3ヶ月

　HTML/CSS/JavaScriptの基礎を習得し、静的Webサイトを作成できるようになる。

・～6ヶ月

　バックエンド技術を学び、データベースと連携した簡単なWebシステムを作成できるようになる。

・～9ヶ月目

　フレームワークを使って実用的なシステムを開発できるようになる。

・～12ヶ月目

　目標課題として、ショッピングサイトのようなWebシステムを実際に完成させる。

学習計画を立てる

　目標が決まったら、それを達成するための具体的な学習計画を立てます。

①必要なスキルの洗い出し

　まずは、目標達成に必要なスキルや知識を列挙します。たとえば、Webシステム開発者になるためには、次のようなスキル・知識が必要です。

> ・フロントエンド技術(HTML/CSS/JavaScript)
> ・バックエンド言語とフレームワーク
> ・データベース設計と操作
> ・開発手法やテスト技術

②学習リソースの選定

　それぞれのスキルをどのように学ぶかを考えます。たとえば、次のような方法があります。複数の方法を組み合わせることで、理解が深まります。

> ・書籍やオンライン講座
> ・ハンズオン形式のワークショップ
> ・公式ドキュメントやチュートリアル
> ・コミュニティや勉強会

③小さなマイルストーンの設定

　大きな目標を達成するまでの中間地点となるマイルストーンを設定します。たとえば、次のような具合です。

　小さな成功体験を積み重ねることでモチベーションを維持できます。

- 基本的な HTML/CSS でレイアウトが作れるようになる
- JavaScript で入力エラーのチェックができるようになる
- データベースからデータを取得して表示できるようになる

定期的な振り返りと計画の見直し

　学習計画は一度立てたら終わりではありません。

　定期的に、以下のポイントで振り返りましょう。

- 目標に対してどれくらい進んでいるか
- 計画通りに進んでいるか、遅れているか
- 当初想定していなかった新しい技術や方向性はないか
- 現在の目標はまだ自分のキャリアプランに合っているか

　とくに技術の世界は、常に変化しているため、ときには計画を大きく変更する必要が出てくることもあります。

　その場合も、学習プロセスの一部として柔軟に対応していくことが大切です。

7.6 全体を経験する個人開発

　仕事としての開発だと、設計、開発、運用が明確に分かれており、ひとりですべてを経験する機会は少ないです。ですから、ITシステムの全体像を理解できないまま、携わることになりがちです。

　実力を上げたいなら、全部ひととおり体験するのが一番です。
　そこで最近、話題になっているのが「個人開発」です。
　個人開発とは、ITシステムを、ひとりで、設計から開発、そして、運用までを担当することです。

　ITシステムの運用にはサーバーが必要で、それにはお金がかかるため、少し前までは難しかったのですが、クラウドなど安価（もしくは無料）で使えるサーバーが登場し、個人開発は、現実味を帯びてきています。

　ひとりで開発するのですから、あまり大きなものは扱えません。ただ体験するだけなら、たとえば、「掲示板を作ってみる」などが、よく題材としてあげられます。
　もちろん、もう少しアイデアを出して、実用的なものを作り、それを副業につなげている人もいます。

　まったくの素人が個人開発するのは難しいかもしれませんが、IT系の仕事に就いているのなら、自分のふだんの業務を中心に、それ以外を補っていくだけなので、思うほど敷居は高くありません。

　個人開発をすることで、設計の人なら開発や運用の人が何をやってるいのかわかりますし、開発の人なら自分で設計するのは意外とたいへんだと思うことでしょう。運用の人なら、設計や開発という未知の世界を味わえます。

　個人開発をして、他の業務に興味を持ったなら、そちらにキャリアパスを寄せていくのもありです。
　設計、開発、運用のどれもが、ひととおりできるようになれば、この先、おそらく生きていけます。

7.7 よくある質問

セミナーでは、皆さんから、さまざまな質問を受けます。そのうちの代表的なものを紹介します。

Q 最初に学ぶべきプログラミング言語は？

「5.2 プログラミング言語を学ぶ」で説明したように、「作りたいものが作れる言語」が、模範回答です。

しかし、こう回答したら、あるとき、「作りたいものがまだなくて、プログラミングそのものを学びたいのです」と言われたことがあります。

たしかに、ごもっともです。いろいろと考えたのですが、そのときは、JavaもしくはC#はどうかとお勧めしました。

JavaやC#は、「型」「オブジェクト」「インターフェース」「並列処理」など、基本的なところがすべて揃っていて、言語文法に癖がありません。これからガッツリ勉強していこうという人に、ふさわしいと思います。

Q 独学と専門スクール、どちらが良いですか？

筆者が学んだ時代は、専門スクールというものはなく、独学でした。正直、専門スクールがある、いまの時代がうらやましいです。

カリキュラムがあるので、何をどの順序で習得するか悩む必要がなく、全体を万遍なく、ひととおり習得できるからです。また、質問に答えてもらえる環境もあります。

独学で難しいのは、「どれをどんな順序で進めればよいのか」が、手探りになってしまうことです。

独学で進めるときに、おそらく大事なのは、カリキュラムと計画です。そこをなんとかできれば、自分のペースで進められる独学のほうが、進めやすい人も多いと思います。質問に答えてもらえる環境については、いまなら、ChatGPTなどの生成AIと併走する手があります。

Q 資格はとったほうがよいですか？

　ないよりは、あるほうがよいです。就職や転職のときも、あなたを飾る材料になります。

　資格の勉強は、カリキュラムがあって、その通りに勉強すれば身につくため、良き道しるべとなりますし、合格がひとつの目標にもなります。

　取得した資格が、自慢できるかどうか、役に立つかどうかはわかりませんが、資格があることで、「この素人が、黙ってろ」と言われないで済む場面は多いです。

　たとえば、筆者はネットワークスペシャリストとセキュリティスペシャリストの資格を持っていますが、それゆえ、現場で、ネットワークやセキュリティのことに口を出しても、何か言われることは少ないです。

Q プログラミングが苦手でも、IT業界で活躍できますか？

　よく聞く質問です。プログラミングは、適正があります。「勉強しても、できるようにならない」という相談は、多いです。「ある程度までは、できるようになったが、プログラミングが好きな人には、いくら努力しても、勝てそうもない」という深刻な相談もありました。

　しかし、それは気にしないほうがよいです。実は、プログラミングしている人は、開発者と呼ばれる人達だけで、全体から見るとわずかです。できる人のほうが、むしろ希なので気にすることはありません。

　プログラミングできる開発者は、職人に近いです。設計を担当するシステムエンジニアや運用・保守を担当するインフラエンジニアは、そこまでプログラミングの技量を必要とされません。

　プロジェクトマネージャやQAエンジニアと呼ばれる品質担当（テスト担当）、技術営業などの道もありますし、活躍の場は、たくさんあります。

Q ChatGPTなどの生成AIの登場で、プログラマーは必要なくなりますか？

　おそらく、なくなりません。むしろプログラマーが、生成AIを駆使して、いままでとは比べものにならない速さで、大量のコードを作っていく時代が来ます。

　そう考えると、質よりも量の時代になり、手が遅いプログラマーは、淘汰される可能性は、あるかもしれません。

コラム　オープンソースへの貢献やコミュニティへの参加

　社内に開発に携わる場がないのなら、オープンソースの活動に参加するのも良いと思います。

　自分がよく使っているオープンソースのソフトや、気になっているオープンソースのソフトなどの開発プロジェクトに参加することで、生の開発現場を知ることができます。

　とはいえ、「開発プロジェクトへの参加なんてよくわからないし、敷居が高すぎる」という人も多いでしょう。

　そういう人は、まずはコミュニティに参加することをお勧めします。

　たとえば、オープンソースカンファレンス (OSC) は、オープンソースの今を伝えるイベントです。

　年間を通じて、全国各地で開催されており、オープンソースのコミュニティ (ユーザーグループ。そのソフトや分野が好きだったり応援したりする人達の集まり) が出展しています。

　こうしたイベントに参加して、気になるコミュニティに声をかければ、いろんな悩みに答えてくれるはずです。

メモ

> 　OSCの年間スケジュールや活動内容は、https://www.ospn.jp/で参照できます。筆者も、年に何回か参加しています。OSCは、さまざまな人と交流できる懇親会もあります。是非、懇親会にも参加してみてください。

　技術界隈では、ひとりではわからないこともたくさんあります。

　コミュニティに参加することで輪を広げて、さまざまな知見を吸収、そして、それをコミュニティにフィードバックして、次の世代へとつないでいきましょう！

Appendix
個人開発をはじめたい人のWebシステム入門
―作ったプログラムは、どのようにして動くの！？―

近年では分業が進んでおり、開発と運用は、別の人が担当することがほとんどです。

開発者の仕事は、決められた場所にプログラムを置くところまで。

そこから先は、運用担当者がやってくれるので、「自分が書いたプログラムなのに、どうやって動いているのかわからない」ということが増えました。

置いたあと、いったいどうなるのか！？

ここを見える化するためのヒントとして、筆者が専門とするWebシステム開発を例に、開発の工程から作ったプログラムが動くまでの全体像を示します。

メモ

掲載するWebシステム開発の流れは、あくまでも一例です。企業はそれぞれ、開発を進めやすくするようにアレンジしているため、やり方は、企業によって異なります。「これぞ正しいやり方」という明確なものは、ありません。

A.1 コードを共有する

多くの開発プロジェクトでは、**GitHub**などのサービスを使って、リポジトリを作ります。

リポジトリとは、ソースコードを管理する場所のことです。各々の開発者が作ったコードは、この場所に保存することで、チームで共有します。

リポジトリでは、誰がいつ、どのファイルを変更したという履歴を管理するほか（必要なら、変更前に戻せます）、**ブランチ**という枝分かれを作って、用途別や改訂版などを分けて管理することもできます。

技術キーワード	
GitHub	Web上でGitのリポジトリをホスティングするサービス（https://github.co.jp/）。コードの共有や変更履歴の管理、課題管理などの機能がある。類似のものとしてGitLab（https://about.gitlab.com/ja-jp/）がある。GitLabは、自社のサーバーにインストールして運用することもできる
ブランチ	ブランチ（branch）とは枝のこと。Gitにおいて、コードの開発ラインを分岐する機能。別のブランチを作って作業すれば、現在開発しているコードに影響を与えずに、新機能開発や不具合の修正を進められる。ブランチを作成することは、「ブランチを切る」と言う
リポジトリ	repository。倉庫や保管庫の意味。プログラムのコードなどをまとめて保管し、チーム開発において、全員が同じコードにアクセスできるようにする場所

自分のPCで開発し、成果物をリポジトリに

　GitHubなどのリポジトリは、コードを共有する仕組みなので、「動かないコード」や「不具合があるコード」を置いてしまうと、他の人に影響が出てしまいます。

　ですから開発者は、本番のサーバーと同じような環境を自分で用意し、そこで開発を進め、動作の確認がとれた完成した成果物だけを反映するようにします。

メモ

　話をわかりやすくするため、少し、話を端折っています。実際は、後述するように、自分専用の作業用ブランチを作り、そこで作業することで、他人に影響を与えないようにして作業を進めます。

　作業用のブランチには、一部、動かないところがあっても、キリの良いタイミングで、（不完全な状態でも）成果物を反映するのが慣例です。これは他の人の作業に影響を与えませんし、そうすることで、あなたの進捗具合が、他の人から見られるようになるからです。チーム開発では、溜め込んで何をしているのかわからない状態になることは、嫌われます。

　開発者それぞれが、開発を目的として用意したものは、「**ローカル環境**」と呼ばれます。

　ローカル環境は、本番のサーバーを模したものです。

　完全に同じ性能のサーバーは高価ですし、そんなものを各自が用意するのは物理的にも邪魔です。ですから、仮想化技術やコンテナ技術を使って、自分のPCのなかで、本番サーバーを模したものが動くようにしたものを使います。

技術キーワード

ローカル環境	開発者の手元で実行するための、本番を模したサーバーやネットワークなどの環境のこと。
仮想化技術	ソフトウェアで、サーバーやネットワーク機器などの物理的な機器を模範する技術。具体的なソフト名としては、VirtualBoxやVMwareなどがある。
コンテナ技術	ソフトウェアの実行に必要なもの一式をひとまとめにして、隔離して実行する技術。仮想化技術と同様の効果があるが、機器全体を模範せずに隔離して実行するだけなので、少ないメモリで実行でき、速度の低下がほぼない。

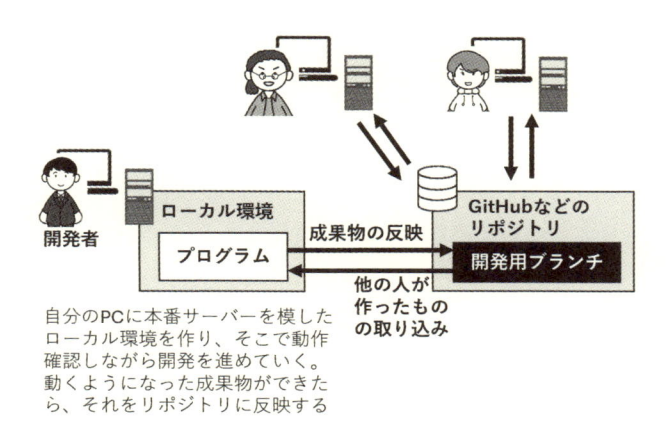

自分のPCに本番サーバーを模したローカル環境を作り、そこで動作確認しながら開発を進めていく。動くようになった成果物ができたら、それをリポジトリに反映する

図A-1　GitHubなどのリポジトリを使った開発の基本構成

本流に採り入れてよいかの確認

　いくら入念に動作確認しても、「自分では気づかないミス」が残っている可能性もあります。

　また表面上は動いていても、書き方に問題があって、攻撃されるリスクがある構造になってしまっていることもありえます。

　そこで、各自が直接書き込むのではなくて、リポジトリを分岐して、「作業用のブランチ」を作り、いったんそちらに書き込み、他の開発メンバー（開発リーダーなど、上司であることが多い）に、その内容が正しいかを確認してもらうのが慣例です。

　確認依頼をすることを「Pull Request（プルリクエスト）を出す」とか、「プルリクを送る」「プルリクする」などと言います。

　プルリクは、いわば、「僕が直したので、内容を確認して、本流に取り込んでね」という依頼のことです。

　依頼を受けた開発メンバーは内容を確認します。確認することは、「**コードレビュー**」とも呼ばれます。

　確認の結果、問題なければ、本流に取り込みます。この操作を「**マージ**」と言います。

　問題があれば、差し戻します。この操作を「**リジェクト**」と言います。

　こうしてリポジトリに、正しくないプログラムが紛れ込まないかに注意しながら、チームで開発を進めていきます。

　GitHubの操作は、開発の本質ではありませんが、いまは、ほとんどの開発プロジェクトではGitHubなどのリポジトリが使われており、リポジトリの基本操作を知っておかないと、開発チームに参加すること自体が、難しいです。

技術キーワード

Pull Request	コードの変更を本流に取り込む前に、他の開発者のレビューを受けるための仕組み。略して「プルリク」とも呼ばれる。
マージ	merge。合併するという意味。あるブランチの変更を別のブランチに統合する操作。Pull Request が承認されると、変更が本流にマージされる。
リジェクト	reject。拒否するという意味。Pull Request の変更内容に問題があると判断し、差し戻すこと。差し戻された場合、依頼者は、指摘事項を修正したのち、再度 Pull Request を出す。

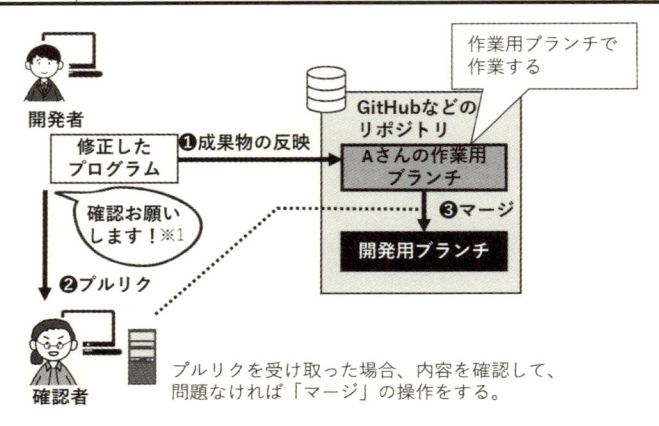

※1）プルリクの依頼は、直接確認者とコンタクトをする必要はなく、実際はGitHub上で操作する

図A-2　Pull Requestとマージ

A.2 置けばサーバーに反映される謎な仕組み

開発者は、プログラムを作るのが仕事です。

言い換えると、GitHubなどのリポジトリに、完璧に動くプログラムを置くというところまでが仕事です。

実際、GitHubを導入している開発プロジェクトに参画している開発者は、「GitHubへのアクセス情報」をもらって、そこに開発したプログラムを置いているでしょう。

しかし置いたプログラムは、そのままでは動きません。サーバーなどで動くように加工したのち、コピーするなどして配置しなければなりません。

加工して動かすまでの仕組みは、開発チームのごく一部の人（運用に詳しかったり、リーダー格の人など）と運用チームだけが携わって作っており、多くの開発者にとって、この仕組みはブラックボックスです。

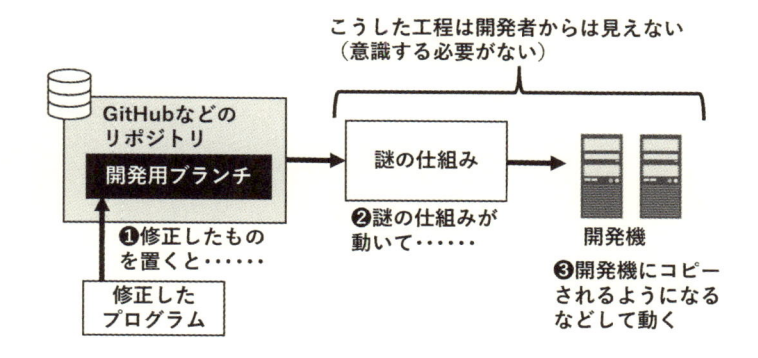

図A-1 置けばサーバーに反映される謎な仕組み

ビルド

　使用しているプログラミング言語にも依るのですが、開発者が書いたコードを実行するには、**ビルド**という工程が必要です。

　ビルドは、作ったプログラム、そして、そのプログラムが使用しているライブラリやフレームワークなどをまとめて、実行可能なファイルを作る工程です。

技術キーワード

ビルド	build。プログラムのソースコードを実行可能な形式に変換する工程。

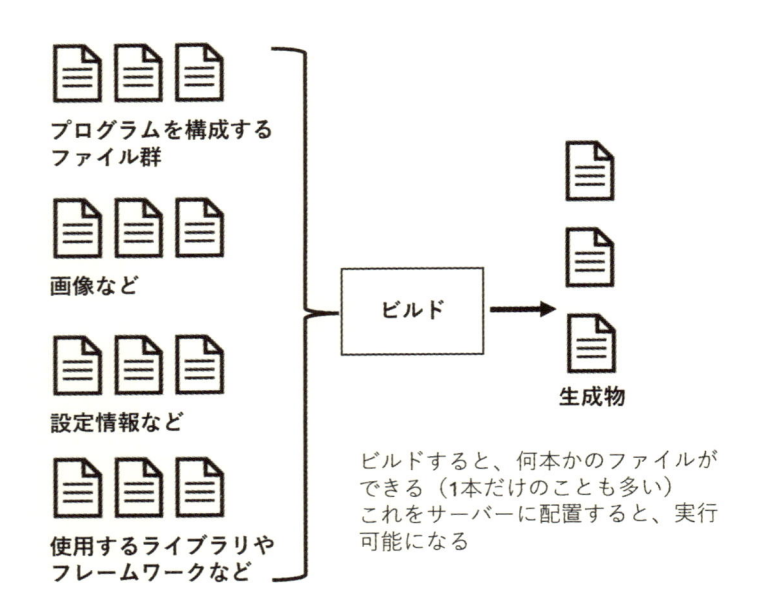

図A-4　ビルド

デプロイ

作ったビルド後の生成物を、実際のサーバーに配置します。これを**デプロイ**と言います。

配置のほとんどはコピーですが、サーバーの設定ファイルを変更したり、サーバーの一部のプログラムを再起動したりしなければならないこともあります。

技術キーワード

デプロイ	deploy。日本語で言えば「配備」。開発したプログラムを実際に動作する環境（サーバー）に配置すること。

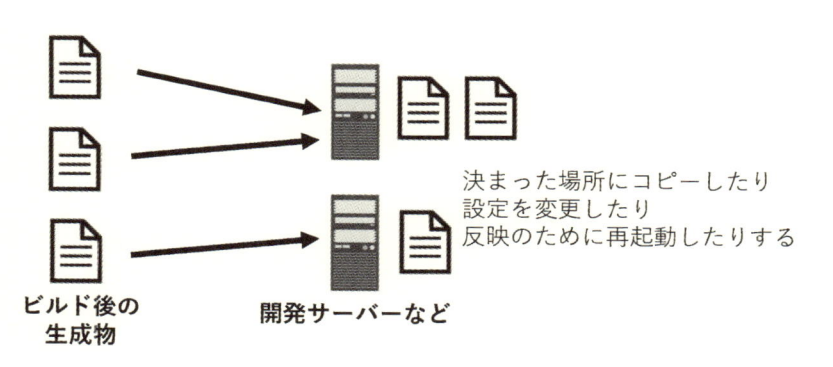

決まった場所にコピーしたり
設定を変更したり
反映のために再起動したりする

**ビルド後の
生成物**

開発サーバーなど

図A-5　デプロイ

CI/CD

　GitHubなどのリポジトリを使っている場合、一部の開発者と運用チームによって、特定のブランチ(枝)に書き込まれたときに、ビルドしてデプロイするような小さなプログラムが自動で動くようにしてあります。

　ビルドの自動化がCI、デプロイの自動化がCDです。CIではビルドだけでなく、ビルド後に自動テストの仕組みも組み込みます。

メモ

　CDは、開発機だけでなく本番機にも適用できます。しかしさすがに本番機まで自動で反映されるのは怖いので、本番サーバーへの適用は、あえて手作業にする開発プロジェクトも多いです。

技術キーワード

CI	Continuous Integration。継続的インテグレーション。コードを変更したら、それをビルドしてテストする必要があるが、この一連の操作を効率的に行なう手法の総称。
CD	Continuous Delivery。継続的デリバリー。ビルドした生成物を迅速に開発環境や本番環境に反映させる手法の総称。

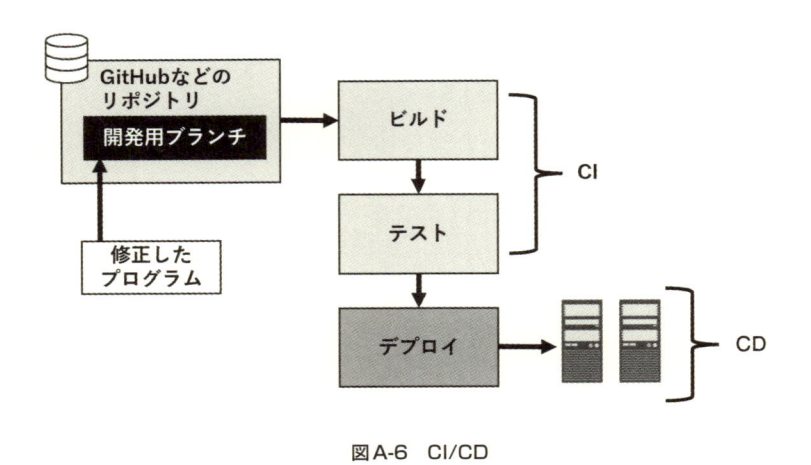

図A-6　CI/CD

発者は開発だけをすればよい時代

ビルドやデプロイは、開発者が準備するローカル環境にも必要です。

ですから、開発者がローカル環境をある程度、用意する仕事のやり方をしているのなら、ビルドやデプロイで、具体的に何をすべきなのかが、ある程度、わかります。

また、ローカル環境の構築を経験すれば、仮想化技術やコンテナ技術、サーバー、ネットワークの知識などを、（開発環境を構築するのに必要な最低限の範囲だけになるとは思いますが）身に付けられます。

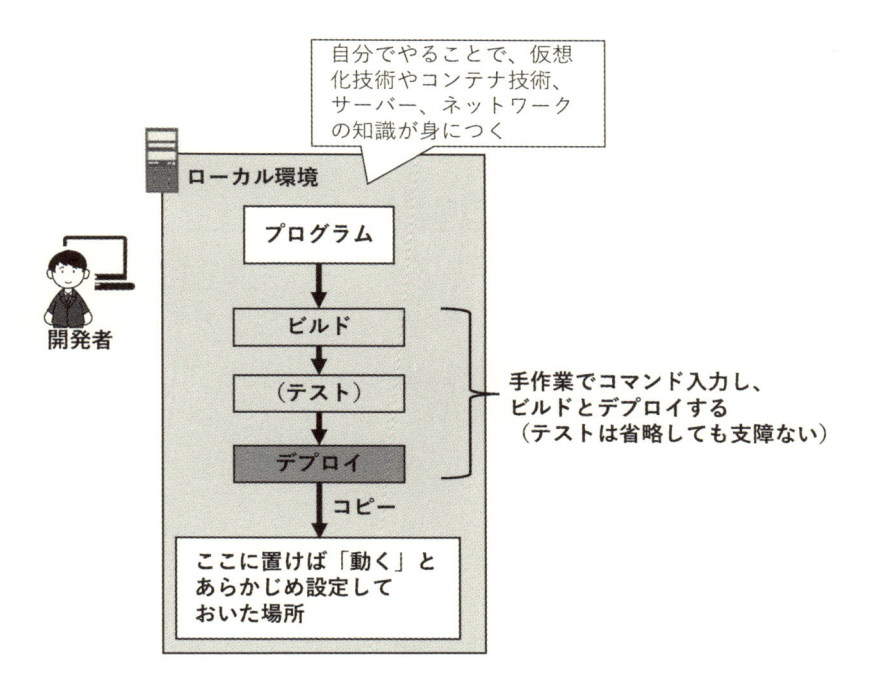

図A-7　ローカル環境でビルド・デプロイする

しかし、こうしたローカル環境の準備は、開発の本質ではありません。

開発者の仕事は、**ITシステムのコードを書くこと**です。

そのため、開発会社のスタンスとして、「開発環境の整備は、開発者がすべきことではない。それは、運用側が担当すべき」という方針をとっているところも少なくありません。

その結果ローカル環境は、運用側および少数の「できる開発者」の手によって作られ、多くの開発者は、用意されたマニュアルに従ってセットアップするだけになりつつあります。

開発者の手を煩わせないのは良い取り組みですが、インフラに関する知識を習得する機会を奪うことにつながっています。

A.3　シンプルなWebシステムの構成

CI/CDのような自動でビルドやデプロイする仕組みは、チーム開発で使うためのものであり、少し大がかりです。

実際は、図A-7に示したように、手作業で実行できます。では、この手作業は、どのような工程なのでしょうか？

静的なWebサーバーと動的なWebサーバー

第2章で少し触れましたが、Webシステムの場合、フロントエンドとバックエンドがあります。

フロントエンドは、ブラウザ側で動くもので、HTMLやCSS、画像や動画などの各種ファイル、そして、JavaScriptのプログラムで構成されます。

バックエンドは、サーバー側で動く仕組みで、各種プログラムやデータベースなどです。

フロントエンドはブラウザで動くため、サーバー側にプログラムを実行する機能は必要ありません。「ファイルそのものを送信する仕組み」だけがあればよく、言い変えれば、単純なファイル転送に過ぎません。

こうした、単純なファイル転送として使うWebサーバーのことを「**静的Webサーバー**」と言います。

技術キーワード	
静的Webサーバー	HTMLやCSS、画像、JavaScriptなどのファイルをそのままクライアントに送信するだけのWebサーバー。静的とは英語で「static」のことで、変化しないという意味。置いたままのファイルの内容を、そのまま不変（変わらない）で送信することから、こう呼ばれる。

　一方、バックエンドは、書いたプログラムを実行するための機能が必要です。

　具体的にはPHPで書いたプログラムなら、PHPのプログラムを読み込んで実行する仕組み、Rubyで書いたプログラムなら、Rubyのプログラムを読み込んで実行する仕組みが必要です。

　こうした「実行できる仕組み」を備えたWebサーバーのことを「**動的Webサーバー**」と言います。

技術キーワード	
動的Webサーバー	サーバー側でプログラムを実行し、その実行結果を返すWebサーバー。PHP、Ruby、Pythonなどのプログラムを実行できる環境を備えている。動的とはdynamicのこと。実行結果は、アクセスするたびに内容が変わることから、こう呼ばれている。

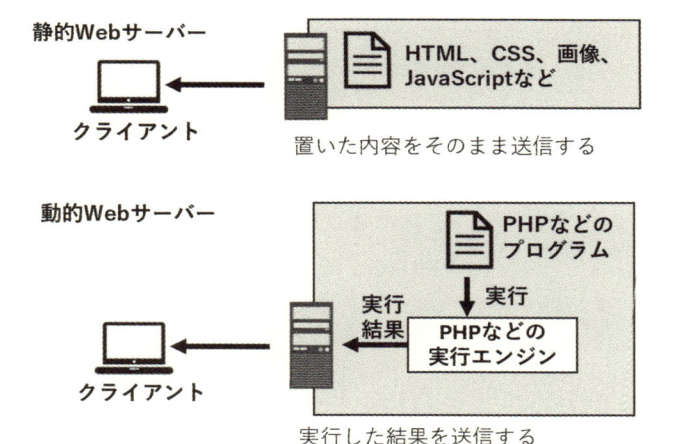

図A-8　静的Webサーバーと動的Webサーバー

静的なWebサーバーだけで構成する場合

　もし、Webシステムが、HTMLやCSS、画像や動画などの各種ファイル、そしてプログラムはJavaScriptのみで構成されているのであれば、ビルドは不要。コピーがデプロイに相当します。

　すなわち、静的なWebサーバーを用意して、まとめて、そこにコピーするだけで完了します。

　いわゆる「ホームページを公開できるサーバー」が、レンタルサーバーの機能として提供されていることがありますが、そうしたところにファイル一式を置けばよく、何ら難しいことはありません。

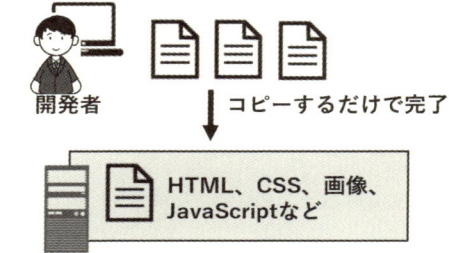

図A-9　静的なWebサーバーだけで構成する

コラム　GitHubとGitHub Pages

　実は、GitHubには、GitHub Pagesという静的なWebサーバーを提供する仕組みがあります。

　具体的には、GitHubにGitHub Pagesの設定を施しておくと、特定のディレクトリ以下に保存した内容が、Webページとして公開されます。

　GitHub（およびGitHub Pages）は、無料プランもあります。いくつかできることの制限がありますが、個人で利用するのであれば無料プランでも、さまざまなことができます。

　ですから個人開発を実際に経験したい場合は、GitHubの無料アカウントを作るところから始めるのも、ひとつの方法です。

　なお、似たように無料で使える静的Webサーバーとして、Netlify（https://www.netlify.com/）というサービスもあります。こちらも、個人開発を語るときに、よく登場するサービスです。

動的なWebサーバーを構成する場合

　対して、動的な Web サーバー、すなわち、作ったプログラムをサーバー上で動かしたい場合には、少し複雑です。

　使いたいプログラミング言語で書かれたプログラムを動かすための仕組みをインストールしておかなければならないからです。この仕組みを「**実行エンジン**」などと呼びます。

　また必要に応じて、ライブラリなどもインストールしておく必要があります。

　そのため、レンタルサーバーのような既成のモノが使えずに、自分でサーバーを用意しなければならないことも多いです。

　自分でサーバーを用意するのであれば、各種設定やソフトのインストール方法についても知らなければなりません。そしてもちろん、セキュリティへの対策も必要です。

　そして作ったプログラムを動かすには、単純なコピーだけではダメで、ビルドやデプロイが必要なことが多いです（このあたりは使用するプログラミング言語にも依ります）。

　そして、サーバーの性能にも注意しなければなりません。

　複雑なプログラムを動かすのであれば、それなりの性能が必要です。処理の内容によっては、メモリが足りないと動かないかもしれません。

　このように静的な Web サーバーに比べて、動的な Web サーバーは、やらなければならないことが多く、複雑です。

　だからこそ、この一連の作業は、運用の人達が、CI/CD という形で作り込んでいるのです。

　先ほど、企業のスタンスとして、開発者に余計なことをさせたくない思いがあるとお話したことを思い出してください。

　こんな雑多な作業をしていたのでは、本来だったら開発に割ける時間が、どんどん削られてしまいます。

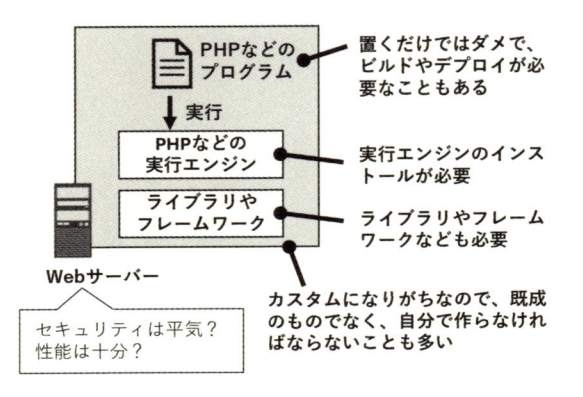

図A-10　動的Webサーバーは複雑

A.4　サーバーの設定変更やソフトのインストール

　静的 Web サーバーは、レンタルサーバーなどを契約すればよいとしても、動的 Web サーバーは、どのようにして用意すればよいのでしょうか？

借りて遠隔で操作する

　原理原則から言うと、商社などからサーバーを購入（もしくはリース）して、それをデータセンターに置くというのが基本ですが、個人開発では、そんなことはできないので、レンタルサーバーやクラウドを契約するのがほとんどです。

　レンタルサーバーにせよクラウドにせよ、サーバーを1台借りると、そこにアクセスするための「**アカウント情報**」が提供されます。
　そのアカウント情報を使って、サーバーに遠隔でアクセスし、さまざまな設定や各社ソフトウェアのインストール作業をしていきます。

メモ

　データセンターに置く場合も、作業のたびにデータセンターに赴くのは大変なので、レンタルサーバーやクラウドと同じように、ある程度の設定が終わったら、遠隔操作できるように設定することが多いです（セキュリティ上、現地に赴かなければならない場合は除く）。

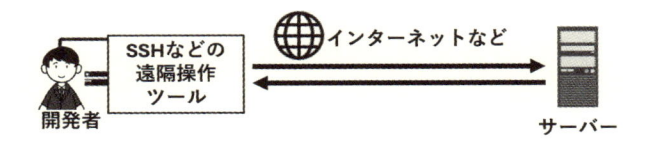

図A-11　遠隔で操作する

サーバーのOS

　サーバーにはOSをインストールしますが、OSは、Linuxであることが多いです。

　ひとことでLinuxと言っても、UbuntuやDebian、AlmaLinux、Rocky Linuxなど、さまざまな種類があり、これを**ディストリビューション**と言います。

　個人開発をするのであれば、情報量が多いLinuxを採用するとよいでしょう。たとえば、**Ubuntu**がお勧めです。

技術キーワード	
ディストリビューション	distribution。Linuxの配布パッケージのこと。Linuxはオープンソースなので、企業やユーザー会などの有志によって、目的別の配布パッケージがまとめられ、簡単な手順でインストールできるディストリビューションとして提供されている。使う人は、サーバー向け、個人向けなど目的別に用意されたもののなかから適切なものを選んで使う。

SSH

遠隔操作するのに必要なのが、SSH（Secure Shell）というソフトです。

SSHは遠隔操作をするための仕様であり、具体的なソフトウェアとして、PuTTYやTera Termなどがあります。

SSHソフトを実行してサーバーに接続すると、コマンド操作できる画面が表示されるので、ここに必要なコマンドを入力して、サーバーの設定を変更したり、必要なコマンドをインストールしたりしていきます。

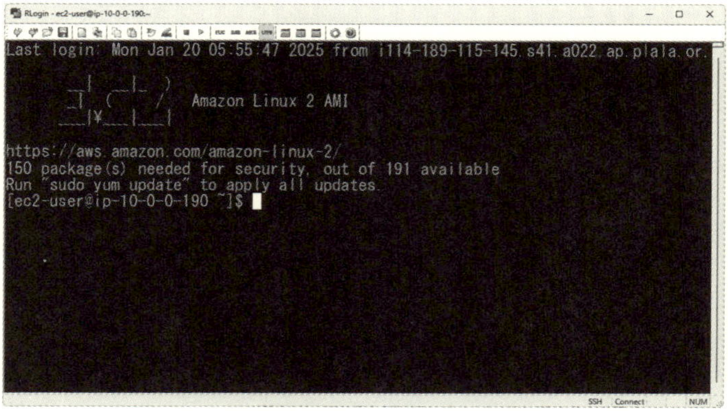

図A-12　SSHで接続する

ファイアウォールとポート番号の理解

サーバーは、安全のため、必要な通信以外はできないようにするように構成するのが一般的です。

インターネットでは（正確には、TCP/IPでは）、通信の種類ごとに番号が割り当てられており、これを「**ポート番号**」と言います。

サーバー側では、ポート番号ごとに通信の可否を決めて、安全性を高めます。

通信を監視して安全性を高める装置のことを**ファイアウォール**と言います。ファイアウォールには、いくつかの種類があり、ポート番号単位で指定できるのが、**パケットフィルタ**と呼ばれるものです。

Webシステムを作るのであれば、パケットフィルタを調整して、Webの通信が通るようにしなければなりません。

Webシステムの通信番号は、通常のとき80番（HTTP）、暗号化するとき

は443番(HTTPS)です。

　必要に応じて、サーバーが通信できるポート番号、そして、レンタルサーバーやクラウドサービスの設定を変更して、ポート80番やポート443番などで通信できるように設定します。

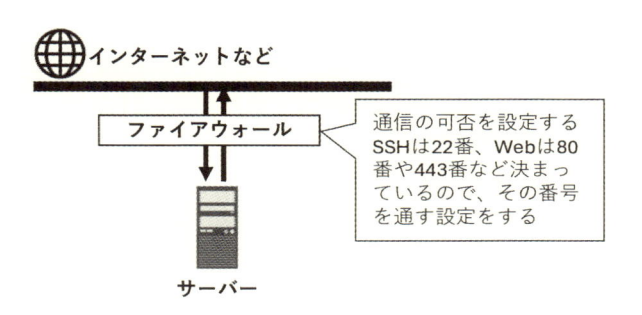

図A-13　ファイアウォール

▼ セキュリティグループルール 1 (TCP, 22, 0.0.0.0/0)　　　　　　　　　　　　　　　　（ 削除 ）

タイプ | 情報	**プロトコル** | 情報	**ポート範囲** | 情報
ssh ▼	TCP	22

ソースタイプ | 情報	**ソース** | 情報	**説明 - オプション** | 情報
任意の場所 ▼	Q CIDR、プレフィックスリスト、	例: 管理者のデスクトップの SSH
	0.0.0.0/0 ✕	

▼ セキュリティグループルール 2 (TCP, 80, 0.0.0.0/0)　　　　　　　　　　　　　　　　（ 削除 ）

タイプ | 情報	**プロトコル** | 情報	**ポート範囲** | 情報
HTTP ▼	TCP	80

ソースタイプ | 情報	**ソース** | 情報	**説明 - オプション** | 情報
カスタム ▼	Q CIDR、プレフィックスリスト、	例: 管理者のデスクトップの SSH
	0.0.0.0/0 ✕	

図A-14　ファイアウォールの設定例(AWSの場合)

A.5　GitHubもCI/CDも実は必須ではない

現在の開発は、次のように進めていくことが多いです。

・チーム開発が前提なので、メンバー間でコードを共有するため、GitHubなどの
　リポジトリが必要
・品質を高めるためにはテストが必要
・都度、ビルドやテスト、デプロイを手作業で行なうのは煩雑なので、CI/CDで
　自動化する

しかし、これらは本質ではなく、ビルドとデプロイだけできれば良く、しかも、簡単なものであれば、決まった場所にコピーするだけで動きます。

開発プロジェクトでの開発の進め方は、とにかくツールが多く、何をしているのか、わからなくなりがちです。

不要なものをそぎ落としていくと、構成は意外とシンプルになります。
さまざまなものが出てきて理解しがたいときは、「それは必須なのか」という観点で、まず、整理することをお勧めします。

おわりに

　本書を最後まで読んでくださり、ありがとうございます。

　IT業界は常に変化し続け、次々と新しい技術が生まれては消えていく世界です。本書を通して、そんな変化の速い世界で長く活躍するための考え方や学習方法について、少しでもお伝えできていれば幸いです。

　私自身、この30年のキャリアの中で、多くの技術の栄枯盛衰を目の当たりにしてきました。

　かつて絶対的な地位を誇っていた技術が廃れ、誰も想像していなかった新しい技術が台頭する—そんな変化の連続でした。

　しかし、そうした変化の中でも、「データの流れ」に着目し、基礎理論をしっかりと理解しておくことで、新しい技術への対応が格段に楽になることを実感してきました。

　第1章で述べたように、ITシステムの本質は、データを入力し、加工し、出力するという単純な流れにあります。この本質は、どれほど技術が進化しても変わらないのです。

　最近はChatGPTなどの生成AIの登場により、プログラミングの世界も大きく変わりつつあります。

　しかし、AIに適切な指示を出せるようになるためにも、「そもそもどのような処理をすればよいのか」を考え、それを具体的に言語化する能力が必要です。つまり、データ処理の本質を理解していることが、AI時代においてもますます重要になってくるのです。

　本書では設計・開発・運用の3つの領域について説明してきましたが、皆さんが、どの領域に進むにしても、他の領域についても基本的な理解を持っていることは大きな強みになります。

第7章で紹介した個人開発やオープンソースへの参加は、そうした幅広い視野を養う絶好の機会です。

ITエンジニアとしてのキャリアは、決して平坦な道ではありません。

新しい技術に追いつくのに四苦八苦したり、難しい問題に行き詰まったりすることもあるでしょう。

そんなときは、本書で紹介した「データの流れに着目する」「基礎理論を大切にする」という原則に立ち返ってみてください。

そして、学び続けることをやめないでください。IT業界で活躍し続けるための最大の秘訣は、学び続ける姿勢を持ち続けることです。

本書がその学びの旅のガイドとなり、皆さんのキャリアの一助となれば、著者として、これ以上の喜びはありません。

最後に、本書の執筆にあたりご協力いただいた編集者の方々、そして日頃から技術的な議論を通じて刺激を与えてくれる仲間たちに、心より感謝いたします。

皆さんの学びと成長が、未来のIT業界をさらに豊かなものにしていくことを願っています。

索引

■著者略歴

大澤　文孝（おおさわ・ふみたか）

技術ライター。プログラマー／システムエンジニア。
情報処理技術者（情報セキュリティスペシャリスト、ネットワークスペシャリスト）。
入門書からプログラミングの専門書まで幅広く執筆。企業向けの研修も手がける。専門はWebシステム。

［主な著書］

「業界と仕事の流れがわかる！ITエンジニア職種ガイド」
「プログラミングの玉手箱」
「Jupyter Notebook レシピ」
「Python10行プログラミング」
「プログラムを作るとは？」「インターネットにつなぐとは？」
「Remotteではじめるリモート操作アプリ開発」
「Wio Terminalで始めるカンタン電子工作」
「TWELITEではじめるカンタン電子工作」　他、多数　　　　　　（以上、工学社）

「ゼロからわかる Amazon Web Services超入門 はじめてのクラウド」　　（技術評論社）

「ちゃんと使える力を身につける Webとプログラミングのきほんのきほん」（マイナビ）

「いちばんやさしい Python入門教室」　　　　　　　　　　　　　　（ソーテック社）

「さわって学ぶクラウドインフラ　docker基礎からのコンテナ構築」　　　（日経BP）

カット・DTPデザイン：今関洋一

本書の内容に関するご質問は、
①返信用の切手を同封した手紙
②往復はがき
③E-mail　editors@kohgakusha.co.jp
のいずれかで、工学社編集部あてにお願いします。
なお、電話によるお問い合わせはご遠慮ください。

サポートページは下記にあります。

［工学社サイト］
https://www.kohgakusha.co.jp/

I/O BOOKS
技術の波に乗り遅れない！すべてのITエンジニアのための「一生モノの学び方」

2025年3月30日　初版発行　©2025

著　者　　大澤　文孝
発行人　　星　正明
発行所　　株式会社工学社
〒160-0011　東京都新宿区若葉1-6-2 あかつきビル201
電話　　（03）5269-2041（代）［営業］
　　　　（03）5269-6041（代）［編集］
振替口座　00150-6-22510

※定価はカバーに表示してあります。

印刷：(株)エーヴィスシステムズ

ISBN978-4-7775-2296-5